HEILIGENLEGENDEN

Geschichten aus der Legenda aurea
des Jacobus de Voragine

Ausgewählt, übersetzt, kommentiert
und mit einem Nachwort
von Christian Lehnert

Mit Bildern
von Michael Triegel

Insel Verlag

Insel-Bücherei Nr. 1514

HEILIGENLEGENDEN

VOM HEILIGEN NIKOLAUS (6. DEZEMBER)

Nikolaus, ein Bürger der Stadt Patera, stammte von reichen und heiligen Eltern ab. Sein Vater hieß Epiphanius, seine Mutter Johanna. Sie hatten ihn in der Blüte ihrer Jugend gezeugt und führten fortan ein enthaltsames Leben. Am ersten Tag, an dem er gebadet werden sollte, stand er schon aufrecht im Becken. Jeden Mittwoch und Freitag wollte er nur einmal an der Brust der Mutter trinken. Zum Jüngling herangewachsen, mied er die Ausgelassenheit seiner Altersgenossen, saß lieber auf den Kirchenstufen und behielt alles im Gedächtnis, was er dort von der Heiligen Schrift erfahren konnte. Als seine Eltern verstarben, begann er darüber nachzudenken, wie er seinen großen Reichtum nicht zu menschlicher Ehre, sondern zu Gottes Ruhm ausgeben könnte.

Ein Nachbar, ein adliger Mann, hatte drei jungfräuliche Töchter. Weil er jedoch in Armut geraten war, gedachte er, sie zur Prostitution zu zwingen, damit das schändliche Gewerbe ihn ernähre. Als das der Heilige erfuhr, war er entsetzt über die Untat. Er wickelte einen Klumpen Gold in einen Lappen, und heimlich warf er ihn in der Nacht durchs Fenster ins nachbarliche Haus. Leise lief er fort. Am Morgen, als der Mann aufstand, fand er den Goldklumpen, dankte Gott und ließ die Hochzeit der ältesten Tochter ausrichten. Wenig später tat der Diener Gottes dasselbe noch einmal. Wiederum fand der Mann das Gold, stimmte ein lautes Lob an und nahm sich vor, künftig wach zu bleiben, um zu erfahren, wer seiner Not abhalf. Nach einigen Tagen nun warf

Nikolaus ihm die doppelte Menge Gold ins Haus. Vom Lärm erwacht, verfolgte der Mann den Fliehenden und rief ihm nach: »Bleib stehen, versteck dich nicht vor uns!« Er holte ihn ein und erkannte, daß es Nikolaus war. Da warf er sich vor ihm zu Boden und wollte ihm die Füße küssen. Doch wehrte dieser es ab und gebot, ihn nicht zu verraten, solange er lebe.

Als der Bischof von Myra gestorben war, versammelten sich die anderen Bischöfe, um einen Nachfolger für die dortige Kirche zu wählen. Unter ihnen war einer von großem Ansehen, von dessen Urteil die allgemeine Meinung abhing. Der ermahnte sie, in Fasten und Gebet zu verharren. Nachts hörte er eine Stimme, die ihm sagte, er solle in der Frühe zur Zeit der Mette das Portal der Kirche beobachten und den ersten, den er hineingehen sehe und dessen Name Nikolaus sei, zum Bischof weihen. Das eröffnete er den anderen, hieß sie, im Gebet fortzufahren, und wachte selbst an der Kirchentür.
Wundersamerweise begab sich Nikolaus, wie von Gott geschickt, zur Mettenzeit vor allen anderen zur Kirche. Da hielt ihn der Bischof fest und fragte: »Was ist dein Name?« Einfältig wie eine Taube neigte er den Kopf und antwortete: »Nikolaus, eurer Heiligkeit Diener.« Da führten sie ihn in die Kirche und setzten ihn, gegen all seinen Widerstand, auf den Bischofsstuhl. Nikolaus aber blieb auch als Bischof immer in seiner früheren Demut und Würde der Sitten, wachte nachts im Gebet, quälte seinen Leib mit Fasten, mied den Umgang mit Frauen, achtete sich selbst gering und half allen

gleichermaßen, überzeugend in seiner Rede, begeisternd im Zuspruch, streng im Urteil.

Einst plagte eine schlimme Hungersnot die Provinz des heiligen Nikolaus, und es gab nichts mehr zu essen. Da hörte der Gottesmann, daß mit Weizen beladene Schiffe im Hafen angelegt hätten, eilte hin und bat die Seeleute, doch wenigstens hundert Scheffel pro Schiff den Verhungernden zu geben. Darauf jene: »Wir wagen es nicht, Vater, weil wir das Getreide, so wie es in Alexandria abgemessen wurde, in die Speicher des Kaisers abliefern müssen.« Darauf sagte der Heilige: »Tut, was ich sage, und in der Kraft Gottes verspreche ich euch, daß euch nichts fehlen wird vor dem königlichen Steuerverwalter.«
Als sie ihm gehorchten und dennoch exakt dieselbe Menge, die sie in Alexandria geladen hatten, den Beamten des Kaisers ablieferten, erzählten sie das Wunder und rühmten und priesen Gott in seinem Diener. Das Korn aber verteilte der Gottesmann nach den Bedürfnissen eines jeden, und es reichte wundersamerweise zwei Jahre für alle, und es blieb sogar noch genug als Saatgut.

VOM HEILIGEN MAKARIUS (15. JANUAR)

Von der Herkunft des Namens. Makarius kommt von *macha*, das heißt Geist, und *ares*, die Tugend. Oder auch von *macha*, was Schlag heißt, und von *rio*, der Meister. Er war nämlich geisterfüllt gegen die Listen der Dämonen, tugendhaft in seinem Leben, ein Kämpfer in der Beherrschung seines Leibes, ein Meister in der Leitung seines Wüstenklosters. [Oder Makarius heißt selig.]

Als ihn Versuchungen plagten, stand er auf, hob einen großen Sack Sand auf seine Schultern und lief viele Tage weit in die Wüste. Theosebius fand ihn und fragte: »Vater, warum schleppt ihr so eine Last?« Dieser antwortete: »Ich quäle den, der mich quält.«

Ein Mönch wurde immer wieder von dem Gedanken gequält, daß er in seiner Zelle unnütz sei, wenn er dagegen unter den Leuten wohnen würde, viel bewirken könne. Als er davon Makarius erzählte, sagte dieser: »Mein Sohn, antworte deinen Gedanken so: Dies tue ich, weil ich um Christi willen diese Zellenwände bewachen soll.«

Eine Schnake hatte Makarius in die Hand gestochen. Er schlug sie tot. Aber als sein Blut aus ihr herausspritzte, erschrak er über sich selbst, weil er seine eigene Ungerechtigkeit an ihr gestraft hatte. Nackt blieb er sechs Monate in der Wüste und kam von Hornissen zerstochen von dort zurück. Dann entschlief er, durch viele Wundertaten berühmt, in Frieden.

VOM HEILIGEN ANTONIUS (17. JANUAR)

Von der Herkunft des Namens. Antonius kommt von *ana*, das heißt oben, und *tenens*, haltend, also das Höhere haltend und das Weltliche verachtend. Er verachtete nämlich die Welt, die unrein, unruhig, vergänglich, täuschend, bitter ist.

Wie Bernhard sagt: »Unreine Welt, was lärmst du so? Was versucht du, uns abzulenken? Willst, Flüchtige, uns halten? Was tätest du, wenn du bliebest? Wer, Süße, wäre von dir nicht betrogen, da du Süßigkeit nur vortäuschst, Bittere?« Sein Leben beschrieb Athanasius.

Antonius war zwanzig Jahre alt, da hörte er, wie in der Kirche gelesen wurde: »Willst du vollkommen sein, so geh hin und verkaufe alles, was du hast, und gib es den Armen.« Da verkaufte er all sein Gut, verteilte es unter die Armen und lebte fortan als Eremit. Zahllose Versuchungen von Dämonen mußte er ertragen.

Einst fand Antonius Zuflucht in einem Grab, dort zerrte und schlug ihn eine Schar von Dämonen dermaßen, daß ihn sein Diener für tot hielt. Er trug ihn auf den Schultern davon. Viele Menschen kamen zusammen, um den Toten zu beweinen, doch als sie alle schliefen, wurde Antonius plötzlich wieder wach. Er ließ sich von seinem Diener wieder in das Grab tragen. Dort lag er mit schmerzenden Wunden ausgestreckt am Boden und reizte mit der Kraft seines Geistes die Dämonen wieder zum Kampf.

Sie kamen in Gestalt wilder Tiere und zerfleischten ihn grausam mit Zähnen, Hörnern und Krallen. Plötzlich erstrahlte ein heller Glanz und verjagte sie allesamt, Antonius aber war sogleich gesund. Da erkannte er, daß Christus zu ihm gekommen war, und er fragte ihn: »Wo warst du, guter Jesus? Wo warst du? Warum warst du nicht gleich hier, um mir zu helfen und meine Wunden zu heilen?« Der Herr sprach zu ihm: »Antonius, ich war hier, doch wartete ich ab, um deinen Kampf zu sehen. Nun aber, da du dich tapfer geschlagen hast, werde ich deinen Namen im ganzen Weltkreis bekannt machen.«

Als er in eine andere Wüste wanderte, fand er am Weg einen silbernen Teller und dachte bei sich: »Woher mag der Silberteller kommen? Wo doch keine Menschenspuren zu sehen sind? Hätte ein Reisender ihn verloren, wäre es allein wegen der Größe des Tellers nicht unbemerkt geblieben. Das ist dein Kunststück, Teufel! Aber meinen Willen wirst du nicht beugen!« Und indem er das dachte, verflog der Teller wie Rauch. Danach fand er noch einen großen Klumpen Gold, doch er floh davor wie vor einem Feuer. So geriet er auf einen Berg, blieb dort zwanzig Jahre, und ihn umgab der Glanz vieler Wunder.

Ein Bogenschütze beobachtete, wie der heilige Antonius mit seinen Brüdern lustig war, und es verwirrte ihn. Antonius aber sprach: »Lege den Pfeil auf den Bogen und spanne ihn!« Das tat er, aber Antonius forderte ihn ein zweites und dann ein drittes Mal dazu auf. Da sagte der Bogenschütze: »Ich

kann ihn auch noch so sehr spannen, daß er mir zerbricht.« Darauf Antonius: »So ist es mit dem Dienst Gottes. Wenn wir uns über unser Maß hinaus anstrengen, werden wir bald brechen. Es empfiehlt sich, die Spannung bisweilen zu lokkern.« Als jener das hörte, ging er getröstet nach Hause.

Außerdem sagte Antonius: »Wer in der Einsamkeit sitzt und still ist, wird von drei Kämpfen frei: dem Hören, dem Sprechen und dem Sehen, und hat nur noch mit einem zu ringen, mit seinem Herzen.«

Einige Brüder baten Antonius um ein Heilswort, da sagte er: »Ihr habt gehört, wie der Herr spricht: Wenn einer dich auf die Wange schlägt, halte ihm die andere hin.« Da sagten sie: »Das können wir nicht erfüllen.« Und er: »So ertragt wenigstens geduldig den Schlag auf die eine.« Und sie: »Auch das können wir nicht.« Darauf Antonius: »So schlagt wenigstens nicht heftiger zurück, als ihr geschlagen wurdet.« Und sie: »Auch das können wir nicht.« Da sagte Antonius zu seinem Schüler: »Bereite diesen Brüdern einen stärkenden Trank, denn sie sind allzu verweichlicht. Das Gebet allein tut euch not.« Das ist im Buch der Väter zu lesen.

VOM HEILIGEN JOHANNES DEM ALMOSNER (23. JANUAR)

Johannes der Almosner, Patriarch von Alexandrien, sah in der Nacht, als er betete, ein wunderschönes Mädchen zu ihm treten. Auf dem Haupt trug sie einen Kranz von Ölbaumblättern. Wie verzaubert von ihrem Anblick, fragte er, wer sie sei. Sie antwortete: »Ich bin die Barmherzigkeit. Ich habe den Sohn Gottes vom Himmel auf die Erde geführt. Nimm mich zur Braut, so wird es dir wohlergehen.« Ölzweige bedeuten Barmherzigkeit, so viel verstand er, und von dem Tag an war er so barmherzig, daß man ihn griechisch Eleémon und lateinisch Eleemonsynarius, den Almosengeber, nannte. Stets sprach er nun von den Armen als seinen Herren. Daher sollen es auch die Johanniter haben, daß sie die Armen ihre Gebieter nennen.

Einmal rief Johannes seine Diener zusammen und sagte: »Geht durch die ganze Stadt und schreibt mir jeden einzelnen meiner Herren auf.« Als sie nicht verstanden, was er wollte, sagte er: »Die, welche ihr Elende und Bettler nennt, die nenne ich Helfer und Herren. Denn sie können uns wahrhaftig helfen und uns das Himmelreich schenken.«

Folgende Geschichte erzählte Johannes immer wieder, wenn er auch andere zur Barmherzigkeit anstiften wollte: Ein paar Bettler saßen in der Sonne und wärmten sich und begannen, von Wohltätern zu erzählen, lobten die Guten und schmähten die Bösen. Da war auch von einem reichen und mächtigen Zollbeamten in der Stadt die Rede, der hieß Petrus und

war Armen gegenüber ganz unbarmherzig. Nahten sie sich nur seinem Haus, jagte er sie fort und beschimpfte sie. Keiner fand sich in der Runde, der von ihm irgendein Almosen empfangen hatte. Da schlug einer eine Wette vor: »Was wollt ihr mir geben, wenn ich heute eine Spende von ihm bekomme?« Die anderen ließen sich darauf ein, und so ging er zu jenem Haus und bettelte. Als der Zöllner nach Haus kam, sah er den Elenden vor seiner Tür hocken. Einen Stein konnte er nicht finden, aber sein Sklave trug gerade Weizenbrote herein, und in seinem Zorn begann er, mit ihnen nach dem Bettler zu werfen. Dieser ergriff schnell ein Brot, lief zu seinen Gefährten zurück und prahlte: Aus der Hand des Zöllners habe er ein Weizenbrot empfangen.
Zwei Tage später lag der Zollbeamte todkrank. Im Fiebertraum sah er sich vor dem Jüngsten Gericht stehen. Mohren warfen seine Sünden in eine Waagschale, ihnen gegenüber standen andere in weißen Kleidern, waren traurig und hatten für ihre Waagschale nichts. Einer von ihnen sagte: »Wir haben wirklich gar nichts. Nur ein Weizenbrot, das er vor zwei Tagen unfreiwillig Christus gab.«
Als sie dieses auf die Waage legten, schien es, als würden die Schalen kurz gleichauf stehen. Da sagten sie zu ihm: »Leg noch etwas Weizenbrot dazu, sonst holen dich die Teufel!«
Als er erwachte, ging es ihm besser, und er dachte: »Oje, wenn ein einziges Weizenbrot, das ich im Zorn warf, so viel nutzen konnte, wieviel mehr wohl, wenn ich alles, was ich habe, den Armen verschenke?«
Wenige Tage später spazierte er in seinen besten Kleidern durch die Stadt. Da bat ihn ein Schiffbrüchiger um etwas,

T

womit er seine Blöße bedecken könnte. Ohne zu zögern, zog Petrus sein kostbares Gewand aus und gab es ihm. Der nahm es und verkaufte es. Als der Zöllner später heimkam, sah er sein eigenes Kleid zum Verkauf ausgehängt, und der Anblick traf ihn in der Seele. Er wollte nicht mehr essen und sprach nur noch vor sich hin: »Ich bin es nicht wert, daß dieser Arme mich im Gedächtnis behält.«

In der Nacht, als er schlief, sah er eine Gestalt, die heller strahlte als die Sonne. Über ihrem Kopf schwebte ein Kreuz; sie trug das Gewand, das der Zöllner dem Schiffbrüchigen geschenkt hatte, und sprach: »Petrus, warum weinst du?« Da nannte er den Grund seiner Traurigkeit, und sie fragte: »Erkennst du, was ich anhabe?« Petrus antwortete: »Natürlich, Herr.« Und der Herr sagte zu ihm: »Ich trage dieses Gewand, seit du es mir gegeben hast, und danke dir für deine Wohltat. Denn ich litt unter der Kälte, und du hast mich bekleidet.« Als Petrus erwachte, begann er die Armen zu preisen und rief: »Der Herr lebt, und ich will nicht sterben, bevor ich einer von ihnen geworden bin.«

Er gab also den Armen, was er hatte, bestellte dann seinen Schreiber ein und sagte zu ihm: »Ich will dich in ein Geheimnis einweihen. Wenn du es verrätst oder mir nicht gehorchst, verkaufe ich dich an die Barbaren.« Dann gab er ihm zehn Pfund Gold und sagte: »Fahre in die heilige Stadt und kaufe für dich alles ein, was du brauchst, dann verkaufe mich einem Christen und verteile den Erlös an die Armen.« Als der Sklave sich weigerte, wiederholte Petrus: »Wenn du mir nicht gehorchst, verkaufe ich dich an die Barbaren.« Da führte der Schreiber den Zöllner, in Lumpen gekleidet, wie befohlen zu einem Geldwechsler, verkaufte ihn für dreißig Silberlinge und verteilte den Erlös an die Armen.

Petrus tat nun als Sklave die niedersten Dienste, wurde von allen verachtet, oft verprügelt und als Narr verschrien. Aber der Herr erschien ihm dann, tröstete ihn und zeigte ihm die Kleider und die Geldstücke, die Petrus verschenkt hatte.

Nun beklagten der Kaiser und viele andere das Verschwinden eines solchen Beamten. Einige seiner Nachbarn aber machten eines Tages von Konstantinopel aus eine Reise zu den heiligen Stätten und wurden zufällig eingeladen von dem Herrn, der Petrus als Sklaven besaß. Beim Essen tuschelten sie untereinander: »Wie gleicht dieser Bursche doch Petrus, dem Zollbeamten.« Und als sie ihn genauer musterten, sagte einer: »Es ist wirklich Petrus, ich will aufstehen und ihn festhalten!« Petrus aber bemerkte es und schlich sich heimlich davon.

Im Haus war ein taubstummer Pförtner, der auf ein Zeichen hin die Tür zu öffnen pflegte. Petrus hieß ihn aufschließen – aber nicht mit Zeichen, sondern mit Worten. Der Pförtner konnte sie plötzlich hören, und indem er die Sprache wiedererlangte, antwortete er und öffnete die Tür. Dann lief er ins Haus und rief zum Erstaunen aller: »Der Küchenknecht ist fort! Er ist geflohen. Aber seid auf der Hut, denn er ist ein Knecht Gottes. Als er zu mir sagte: ›Öffne die Tür‹, schoß eine Flamme aus seinem Mund, die meine Zunge und meine Ohren traf, und sogleich konnte ich wieder hören und sprechen.« Da sprangen alle auf und liefen ihm nach, konnten ihn aber nicht mehr finden. Alle im Haus taten Buße, weil sie diesen Mann so schlecht behandelt hatten.

Ein reicher Mann bemerkte, daß bei Johannes auf dem Bett nur schlechte Lumpen lagen, denn er hatte alle guten Tücher an die Armen verschenkt. So kaufte er eine kostbare Decke und gab sie dem heiligen Johannes. Als dieser nun die Nacht darunterlag, konnte er nicht schlafen. Die ganze Zeit dachte er, daß sich dreihundert seiner Herren zudecken könnten für den Preis dieses einen Tuches. Ununterbrochen jammerte er: »Wie viele waren heute ohne Nahrung. Wie viele lagen von Regen durchnäßt auf der Straße. Wie viele klapperten mit den Zähnen vor Kälte. Du aber hast große Fische gegessen, schläfst in deiner Kammer zusammen mit allen deinen Sünden und wärmst dich unter einer Decke, die sechsunddreißig Silberlinge wert ist. Doch Johannes wird sich nicht ein zweites Mal darin einhüllen.« Am nächsten Morgen ließ er das Tuch verkaufen und gab den Erlös den Armen.
Als das jener Reiche hörte, kaufte er dieselbe Decke zum zweiten Mal und bat den heiligen Johannes, sie nicht noch einmal zu verkaufen, sondern darunter zu schlafen. Der nahm sie entgegen, verkaufte sie sofort und gab das Geld seinen Herren.
Als das der Reiche hörte, ging er wieder hin und kaufte die Decke zurück, brachte sie dem heiligen Johannes und beglückwünschte ihn lachend mit den Worten: »Wir werden sehen, wer zuerst aufgibt, du mit dem Verkaufen oder ich mit dem Kaufen.« So könne man die Reichen auf eine sanfte Art rupfen, meinte Johannes, denn um den Armen zu ge-

ben, plündere man die Reichen auf diese Weise aus, ohne zu sündigen: »Zweifachen Gewinn macht einer so: Er rettet die Seelen der Spender. Er sammelt zugleich für sich selbst noch reichen Lohn.«

JUDAS SKARIOTHIS

In einer apokryphen Historie ist zu lesen, daß in Jerusalem ein Mann namens Ruben lebte, der auch Simon hieß und vom Stamm Juda war – oder, nach Hieronymus, vom Stamm Issachar. Der hatte eine Frau, die Cyborea genannt wurde.
Eines Nachts, als sie ihre eheliche Pflicht erfüllt hatten und Cyborea einschlief, kam ihr ein Traumbild, und erschrocken erzählte sie es ihrem Mann, sie schluchzte und brachte stokkend hervor: »Mir war, als würde ich einen bösen Sohn gebären. Er soll der Grund für den Untergang unseres ganzen Volkes sein.« Ruben antwortete: »Wie entsetzlich, was du da sagst! Bestimmt warst du besessen von einem Totengeist, und so solltest du nicht weiter davon reden.« Darauf sie: »Wenn ich schwanger werde und einen Sohn gebäre, dann war es ohne Zweifel kein Totengeist, sondern eine sichere Offenbarung.«
So kam die Zeit, daß sie einen Sohn gebar. Die Eltern fürchteten sich und dachten nach, was sie mit dem Kind machen sollten. Da sie davor zurückschreckten, es zu töten, doch auch den Verderber ihres Volkes nicht aufziehen wollten, legten sie es in ein Körbchen und setzten es am Meer aus. Die Fluten trieben es ans Ufer einer Insel, die Skarioth hieß. Nach dieser Insel wurde er Judas Skariothis genannt.
Die Inselkönigin, eine kinderlose Frau, ging am Meeresstrand spazieren, und als sie sah, wie ein Körbchen von den Wellen hin und her geschaukelt wurde, ließ sie es öffnen. Da fand sie darin einen lebendigen Knaben von schöner Gestalt, seufzte auf und sprach: »Ach könnte ich durch solch

ein Kind getröstet und befreit sein von der Sorge um einen Thronfolger!«

Sie ließ den Knaben heimlich aufziehen, täuschte eine Schwangerschaft vor. Sie log, einen Sohn geboren zu haben, und im ganzen Königreich wurde dieses Gerücht verbreitet. Der Fürst war über den angeblichen Nachkommen sehr erfreut, das Volk jubelte. Die Königin aber umgab das Kind mit herrschaftlicher Pracht.

Doch nicht lange danach empfing die Königin vom König und brachte nach der natürlichen Zeit einen Sohn zur Welt. Als die Knaben größer wurden und miteinander spielten, ärgerte Judas das Königskind oft, stichelte und brachte es zum Weinen.

Der Königin stieß das übel auf, und weil sie wußte, daß Judas nicht ihr eigener Sohn war, schlug sie ihn regelmäßig. Aber Judas hörte nicht auf, den Kleineren zu plagen. So kam es am Ende heraus: Judas war nicht der echte Sohn der Königin, sondern ein Findelkind. Als er das erfuhr, schämte sich Judas zutiefst und schlug seinen vermeintlichen Bruder, den Sohn des Königs, heimlich tot.

Weil er fürchtete, selbst hingerichtet zu werden, floh er im Gefolge derer, welche die Steuerzahlungen abzuliefern hatten, nach Jerusalem. Am Hof des Pilatus, des damaligen Statthalters, ließ er sich anstellen. Da gleich und gleich sich gern gesellt, fand Pilatus bald, daß Judas ihm in der Seele verwandt sei, und er schätzte ihn sehr. Judas wurde Vorsteher des gesamten Hofes des Pilatus. Auf seinen Wink und Befehl hin geschah dort nun alles.

Eines Tages blickte Pilatus in einen Obstgarten und wurde

von solchem Verlangen nach dessen Äpfeln ergriffen, daß er fast zu vergehen meinte. Dieser Obstgarten gehörte Ruben, dem Vater des Judas – doch weder kannte Judas seinen Vater noch Ruben seinen Sohn. Ruben glaubte ja, dieser sei in den Meeresfluten umgekommen, und Judas hatte überhaupt keine Ahnung, wer sein Vater und was seine Heimat wären. Pilatus ruft Judas herbei und sagt: »Mich quält ein solches Verlangen nach diesen Früchten, daß es mein Tod ist, wenn ich sie nicht bekomme.« Sofort springt Judas in den Garten und pflückt hastig die Äpfel. In diesem Augenblick kommt Ruben, sieht Judas, wie er seine Äpfel pflückt, und die beiden geraten in heftigen Streit. Sie beschimpfen sich, Schläge folgen, sie richten sich übel zu. Da trifft Judas mit einem Stein Ruben genau an der Stelle, wo das Genick in den Hals übergeht, und so tötet er ihn. Er sammelt rasch die Äpfel auf und erzählt Pilatus, was geschehen ist.

Schon neigt sich der Tag und die Nacht bricht an, da findet man Rubens Leiche und glaubt, ein jäher Tod habe ihn überrascht. Pilatus überantwortet Judas alle Güter Rubens zum Eigentum, und Rubens Gattin Cyborea gibt er ihm zur Frau.

Eines Tages seufzte Cyborea auf, und Judas, ihr Mann, fragte sie beunruhigt, was sie habe. Sie gab zur Antwort: »Wehe, die unglücklichste aller Frauen bin ich, weil ich mein Kind in den Meeresfluten ertränkte und meinen Mann plötzlich tot auffand. Doch zu diesen Schmerzen hat Pilatus mir Elenden einen weiteren hinzugefügt: Noch in der Trauerzeit hat er mich verheiratet und ganz gegen meinen Willen dir zur Ehefrau gegeben.«

Als sie nun alles von jenem kleinen Kind erzählte und Judas dazu das berichtete, was ihm selbst widerfahren war, zeigte sich, daß er seine Mutter geheiratet und seinen Vater ermordet hatte. In Reue und auf Cyboreas Rat schloß sich Judas unserem Herrn Jesus Christus an und flehte bei ihm um Vergebung für seine Vergehen.

Das alles kann man in der besagten apokryphen Geschichte lesen. Ob man sie vortragen soll, sei dem Ermessen des Lektors überlassen – auch wenn man sie eher weglassen als einfügen sollte.

VOM HEILIGEN GREGOR
(12. MÄRZ)

Von der Herkunft des Namens. Gregor kommt von *grex*, Herde, und *gore*, das heißt predigen oder reden, also bedeutet Gregor soviel wie Prediger der Herde. Oder aber man nennt ihn Gregor von *egregorius*, abgeleitet von *egregius*, hervorragend, und *gore*, also hervorragender Prediger und Lehrer. Oder Gregor bedeutet in unserer lateinischen Sprache wachend, denn er wachte über sich selbst, über Gott und über die Herde. Über sich selbst in der Bewahrung der Reinheit, über Gott in innerer Betrachtung, über die Herde durch beharrliche Predigt – und durch diese drei Dinge erlangte er die Schau Gottes. Denn Augustinus schreibt im dritten Buch *De ordine*: »Der wird Gott schauen, der nach dem Guten lebt, das Gute studiert und im Guten betet.«
Gregors Leben beschrieb Paulus, der Geschichtsschreiber der Langobarden, Johannes Diakonus hat die Darstellung später sorgfältig bearbeitet.

Gregor stammte aus einer Senatorenfamilie, sein Vater hieß Gordianus, seine Mutter Silvia. Obwohl er sich schon in seiner Jugend mit den Höhen der Philosophie beschäftigte und Güter und Schätze im Überfluß besaß, wollte er dennoch das alles aufgeben und ein geistliches Leben führen.
Aber er schob seine Umkehr doch lange Zeit hinaus und meinte, er würde Christus auch mit geringerem Aufwand nachfolgen können, wenn er als Stadtpräfekt zum Schein dem Weltlauf diente. So kamen die Sorgen der Welt über ihn,

und nicht mehr nur zum Schein, sondern im Denken verfing er sich darin.

Da starb sein Vater, und Gregor gründete nun sechs Klöster in Sizilien, ein siebentes ließ er innerhalb der Mauern seiner Stadt im eigenen Palast errichten zu Ehren des heiligen Apostels Andreas. Unter Verzicht auf Seide und Gold und Edelsteine kleidete er sich ins Mönchsgewand. In kürzester Zeit erreichte er solche Vollkommenheit, daß er schon auf den ersten Schritten seiner Umkehr zu den Vollendeten zählte.

Diese Vollendung ist in seinen eigenen Worten angedeutet, und man kann davon im Prolog zu seinen *Gesprächen* lesen: »Mein unglücklicher Geist, verängstigt und verwundet von seiner eigenen Geschäftigkeit, erinnert sich, wie es ihm im Kloster erging. Alles Vergängliche ward ihm gleichgültig, und er stand unberührt in allem, was dahinrauschte, und er pflegte nur an das Göttliche zu denken. So überschritt er, im Körper gefangen, im Anschauen doch die Schranken des Fleisches, und sogar der Tod, den alle eine Qual nennen, erschien ihm als Eingang ins Leben und Lohn aller Mühen, und er liebte ihn.«

Er kasteite seinen Körper mit solcher Strenge, daß er, magenkrank, schließlich kaum mehr überlebte und erlitt, was die Griechen eine *Synkope* nennen, den Zusammenbruch der Kräfte, und er war für Stunden in Beklemmung am Rand des Todes.

Einmal saß Gregor im Kloster, wo er Abt war, und schrieb. In Gestalt eines Schiffbrüchigen trat ein Engel des Herrn zu ihm und bat tränenüberströmt, daß er sich seiner erbarme.

Gregor gab ihm sechs Silberdenare. Der Bettler ging fort, kam aber noch am selben Tag wieder und klagte, er habe viel mehr verloren, als er bekommen habe. Gregor gab ihm noch einmal dieselbe Summe. Aber nach zwei Tagen kam der Bettler wieder und forderte erneut in ungestümer Lautstärke, daß man ihm doch helfen möge.
Gregor mußte nun vom Verwalter des Klosters erfahren, daß nichts mehr zu verschenken da sei, nur noch eine silberne Schüssel, in der seine Mutter Gemüse zu schicken pflegte. Er ließ sie dem Bettler sofort geben. Der nahm sie gern und zog vergnügt von dannen. Er war aber ein Engel des Herrn, als der er sich später offenbarte.

Eines Tages ging Gregor über den Markt in Rom, da sah er, wie einige Sklaven von wunderschöner Gestalt, einnehmendem Gesicht und glänzenden Haaren zum Verkauf standen. Er fragte den Händler, aus welchem Land er sie hierhergebracht habe. Der antwortete: »Aus Britannien. Dort sind alle Menschen so hell und strahlend.« Gregor fragte weiter, ob sie Christen seien. Darauf der Händler: »Nein, sie sind in heidnischen Irrtümern gefangen.« Da seufzte Gregor auf: »Weh, was für ein Elend!« Und weiter: »Was nennt doch der Fürst der Finsternis für leuchtende Erscheinungen sein eigen.« Gregor fragte nun, was der Name dieses Volksstammes sei. Der Händler antwortete: »Sie werden *Anglici*, die Engländer, genannt.« »Sehr gut«, sagte Gregor, »Engländer, wie die Engelhaften, denn sie haben Engelsgesichter.« Da fragte Gregor, wie jene Provinz heiße, und der Händler antwortete: »Die Bewohner der Provinz werden Deiri ge-

nannt.« »Sehr gut«, sagte Gregor, »Deiri, denn dem Zorn Gottes, *Dei ira*, muß man sie entreißen.« Und wieder fragte Gregor, was ihr König für einen Namen habe, und der Händler antwortete: »Aelle«. Und Gregor: »Sehr gut, Aelle, denn das Halleluja soll man dort überall singen.«
Er eilte zum Papst und erreichte mit vielen Bitten und Nachdruck und Mühe, daß man ihn aussandte, die Engländer zu bekehren. Kaum daß er aber die Reise angetreten hatte, waren viele Römer über Gregors Abwesenheit sehr bestürzt, sprachen beim Papst vor und sagten: »Petrus hast du beleidigt. Rom hast du zerstört. Gregor hast du fortgeschickt.« Da erschrak der Papst und sandte sogleich Boten hinterher, die Gregor zurückholen sollten.
Gregor war schon drei Tage weit gereist, und an dem Ort, wo sie ausruhten, saß er und las. Die anderen schliefen. Eine Heuschrecke, *locusta*, störte ihn beim Lesen, unterbrach ihn, und aus der Betrachtung ihres Namens, *loco-sta*, schloß er, daß er an diesem Ort bleiben, *loco stare*, müsse. Doch obwohl er das Zeichen in seinem prophetischen Sinn verstand, weckte er schnell seine Gefährten, daß sie unverzüglich weiterzögen. Da holte die päpstliche Gesandtschaft ihn ein und zwang ihn, obwohl er darüber sehr betrübt war, zur Umkehr. Der Papst holt ihn nun aus seinem Kloster und machte ihn zum Kardinaldiakon.

Einst war der Tiber über seine Ufer getreten und so hoch angestiegen, daß er die Mauern der Stadt überflutete und Häuser verwüstete. Der Strom schwemmte auch zahlreiche Schlangen und einen großen Drachen fort ins Meer, und sie ertranken in den Fluten. Ihre Kadaver aber wurden an den Strand geworfen und faulten und verpesteten mit ihrem Gestank die Luft. So kam es zu einer schlimmen Seuche, Leistenpest genannt. Man sah mit bloßen Augen Pfeile vom Himmel kommen, und wen sie trafen, den töteten sie.

Noch vor allen anderen wurde Papst Pelagius niedergestreckt und starb sofort. Dann wütete die Seuche unter den Menschen in der Stadt, und viele Häuser verloren ihre Bewohner und standen leer. Aber die Kirche Gottes durfte nicht ohne Oberhaupt bleiben, und so wurde Gregor wider seinen Willen vom Volk zum Papst gewählt. Als er nun geweiht werden sollte, ließ die Seuche das Volk dahinsterben, und Gregor hielt eine Prozession ab, führte dabei Bittlitaneien ein, hielt eine Predigt und ermahnte alle, Gott eindringlicher anzurufen.

Das Volk versammelte sich, betete zu Gott, doch wütete die Pest nun derart, daß in einer Stunde achtzig Menschen starben. Gregor hörte unterdessen nicht auf, die Leute zu ermahnen, keinesfalls vom Gebet abzulassen, bis endlich das göttliche Erbarmen selbst das Elend vertreiben werde.

Die Prozession war zu Ende, und Gregor wollte fliehen. Seinetwegen jedoch beobachteten die Wachen streng die Stadttore, er konnte nicht heraus. Da verkleidete er sich und brachte Händler dazu, ihn in einem Faß auf einem Vierspänner aus der Stadt zu fahren. Draußen lief er in den Wald, suchte eine verborgene Höhle auf und versteckte sich dort drei Tage.

In Aufruhr suchten die Römer nach ihm, und plötzlich erschien eine blendend grelle Lichtsäule, die vom Himmel herabhing, über Gregors Versteck, und ein Einsiedler sah darin die Engel hinauf- und hinabsteigen. So wurde Gregor vom ganzen Volk ergriffen, nach Rom gebracht und zum Papst geweiht.

Daß er gegen sein Begehren zur höchsten Ehre aufstieg, kann man in einem Brief lesen, den Gregor an den Patrizier Narses schrieb: »Während ihr mir von den Höhen der Kontemplation schreibt, beklage ich seufzend meinen Niedergang. Denn ich erkenne darin, was ich alles im Innern verloren habe, nachdem ich, ohne etwas dafür zu tun, zur höchsten Macht aufstieg. Wisset, daß ich so verzweifelt bin, daß ich kaum zu reden vermag. Nennt mich also nicht Noemi, den Schönen, sondern Mara, den Verbitterten. Denn erfüllt von Bitterkeit bin ich.« Und an anderer Stelle: »Habt ihr mich lieb, so klagt mit mir, daß ich zum Bischof eingesetzt bin, denn ich weine unablässig darüber und bitte euch, für mich zu Gott zu beten.«

Auch im Vorwort zu seinen *Gesprächen* heißt es: »Im Hirtenamt leidet mein Gemüt, bin ich doch in die Geschäfte der weltlichen Menschen geworfen, und nach der seligen Ruhe des Schauens bin ich mit dem Staubflug irdischen Handelns befleckt. Ich wäge, was ich erleide, wäge, was ich verlor, und schwer wiegt, was ich tragen soll, wenn ich mir vor Augen führe, was ich vermisse. Denn jetzt treibe ich in den Meeresfluten im Sturm auf einem Schiff, auf dem Schiff des Geistes, in harten Böen, und wenn ich mich an das frühere Leben erinnere, meine ich, fern die Küste zu sehen, und weine.«

In Rom aber war noch immer das große Sterben. Gregor ordnete zur Osterzeit wie üblich eine Prozession rund um die Stadt an. Das Bild der immerwährenden Jungfrau Maria sollte feierlich vorangetragen werden – jenes, das sich noch immer, wie es heißt, in Rom in der Kirche Santa Maria Maggiore befindet und das Lukas, der Heilkünstler, Arzt und Maler, gemacht haben soll. Man sagt, es ähnele der Jungfrau in allem sehr.

Siehe, die ganze Verseuchung der Luft wich vor dem Bild zurück, als ergriffe sie vor dem Gemalten die Flucht, weil sie seine Gegenwart nicht ertragen konnte, und so blieb hinter dem Bild eine reine und klare Atmosphäre. Im Wind soll man die Stimmen der Engel gehört haben, wie sie sangen: »Himmelskönigin, freue dich, Halleluja, denn der, den du trugst, Halleluja, ist auferstanden, wie er gesagt hat, Halleluja.« Und der heilige Gregor fügte hinzu: »Bitte für uns, beten wir, Halleluja.«

Da erblickte Gregor über der Burg des Crescentius einen Engel des Herrn. Der wischte sein blutiges Schwert ab und steckte es in die Scheide. Da ahnte Gregor, daß das Sterben ein Ende habe, und so geschah es. Daher wurde die Burg von nun an Castel Sant'Angelo, Engelsburg, genannt.

Schließlich, wie er es gewünscht hatte, sandte er Augustinus, Mellitus und Johannes mit anderen zusammen nach England und bekehrte die Menschen dort mit seinen Gebeten und seinen Verdiensten zum Glauben.

Zu der Zeit lebte ein Eremit, ein Mann von großer Tugend, der alles um Gottes willen aufgegeben hatte und nichts mehr besaß als eine Katze. Die streichelte er oft als seine einzige Gesellin und hob sie auf seinen Schoß. Er bat Gott im Gebet, ihm kundzutun, mit wem zusammen er dereinst seinen künftigen Lohn in der himmlischen Wohnstatt haben sollte, da er aus Liebe zu Gott doch nichts mehr von den Reichtümern der Welt besitze. Eines Nachts wurde ihm offenbart, daß er mit Gregor, dem Bischof von Rom, die himmlische Wohnung zu teilen hoffen dürfe. Da wurde er traurig und dachte: Die freiwillige Armut war mir zu gar nichts nutze, wenn ich denselben Lohn haben soll wie einer, der in den Reichtümern der Welt nur so schwelgt.

Als er nun immer wieder und Tag und Nacht seine Armut mit dem Reichtum Gregors verglich und bei sich klagte, hörte er eines Nachts den Herrn selbst sprechen: »Nicht der Besitz von Reichtum, sondern die Begierde danach macht den Reichen aus. Was bedeutet es also, wenn du deine Armut fortwährend mit Gregors Gütern vergleichst? Selbst deine Katze, die du hast und täglich streichelst, liebst du mehr als jener den Reichtum, der ihn umgibt und den er nicht liebt, sondern verachtet und verschleudert, indem er ihn an alle und jeden verschenkt.«

Da dankte der Einsiedler Gott. Hatte er gemeint, es sei ein Ausdruck geringen Lohns, wenn er mit Gregor verglichen werde, begann er nun zu beten, mit ihm die himmlische Hausung teilen zu dürfen.

Eine ältere Frau brachte dem heiligen Gregor jeden Sonntag Brote, die sie gebacken hatte. Als er einmal die Messe hielt und ihr den Leib des Herrn reichte und dazu sprach: »Der

Leib unseres Herrn Jesus Christus gereiche dir zum ewigen Leben«, da lächelte sie spöttisch. Gregor zog seine Hand vor ihrem Mund zurück, legte das Brotstück, den Leib des Herrn, auf den Altar zurück und fragte sie vor allen Leuten, weshalb sie gelacht habe. Sie antworte: »Weil du das Brot, das ich mit meinen eigenen Händen gemacht habe, Leib des Herrn genannt hast.«

Da fiel Gregor auf die Knie und betete angesichts der Ungläubigkeit der guten Frau, und als er sich erhob, lag ein Stück Brot in Fleisch verwandelt und in Form eines Fingers vor ihnen. So kam die Frau wieder zum Glauben. Gregor betete noch einmal, da wurde der Finger wieder Brot, das gab er der Frau zu essen.

Als der heilige Gregor dreizehn Jahre, sechs Monate und zehn Tage auf dem Stuhl Petri gesessen hatte, verließ er, erfüllt von guten Werken, seinen Leib. Auf seinem Grab stehen folgende Verse:

»Nimm nun, Erde, den Körper, von deinem Körper genommen,
Gib ihn zurück, nach deiner Kraft, in der Auferstehung.
Nach den Sternen strebt der Geist, für nichts gilt die Todesordnung
Dem, der sie erkennt als den Weg ins andere Leben.
Dieses Grabmal birgt des höchsten Priesters Gebeine,
Im Tun des Guten lebt er überall nun und ewig.«

Vergangen waren seit der Fleischwerdung des Herrn 606 Jahre, unter Kaiser Phoca.

VOM HEILIGEN PATRICIUS (17. MÄRZ)

Patricius, der um das Jahr 380 geboren wurde, stand vor dem König der Schotten und predigte ihm vom Leiden Christi. Er stützte sich dabei auf einen Stecken, den er bei sich trug. Den hatte er unbedacht auf den Fuß des Königs gestellt, und so durchbohrte der Stachel dem König den Fuß. Der König war der Meinung, der fromme Bischof täte das absichtlich und er könne den christlichen Glauben nur erlangen, wenn er dergleichen für Christus erleide, und hielt die ganze Zeit geduldig still. Als es der Heilige endlich bemerkte, heilte er den König mit seinem Gebet und erwirkte für das ganze Land, daß dort kein einziges giftiges Tier mehr leben konnte. Und nicht nur das: Auch erwirkte er, daß Hölzer und Rinden aus dieser Gegend wirksam gegen Gifte waren, wie es heißt.

Ein Mann hatte seinem Nachbarn ein Schaf gestohlen und es gegessen. Mehrmals ermahnt der Heilige den unbekannten Dieb, wer es auch sei, Entschädigung zu leisten, aber niemand meldete sich. Als alle in der Kirche versammelt waren, gebot er dem Schaf im Bauch dessen, in den es verschwunden war, im Namen Christi zu blöken. Das geschah, der Sünder tat Buße, und die anderen hüteten sich fortan vor Diebstahl.

Der heilige Patrick predigte in Irland und hatte nur einen sehr mäßigen Erfolg. So bat er den Herrn, ihm ein Zeichen zu geben – wenigstens aus Furcht sollten die Leute Buße tun. Auf Befehl des Herrn zeichnete er an einer bestimmten

Stelle mit seinem Stab einen Kreis auf die Erde, und siehe, die Erde öffnete sich innerhalb des Rundes, und es erschien ein großer, abgrundtiefer Schacht.
Dem heiligen Patrick wurde offenbart, daß hier eine Stätte der Läuterung sei. Wer hinabsteige, der habe keine weiteren Bußstrafen zu erwarten und werde kein Fegefeuer mehr für seine Sünden erleiden. Doch die meisten kämen von dort nicht zurück, und diejenigen, die zurückkämen, müßten zumindest einen Tag, vom Morgen bis zum nächsten Morgen, darin ausharren. Viele gingen also hinein, kehrten aber nie wieder zurück.

Lange Zeit danach, als Patricius schon tot war, stieg ein Adliger namens Nikolaus, der viele Sünden mit sich trug, seine Vergehen aber bereute und deshalb den Läuterungsort des heiligen Patricius aufsuchte, in den Schacht hinab. Er hatte sich, wie es alle taten, durch ein achttägiges Fasten vorbereitet und öffnete die Pforte mit einem Schlüssel, der in einer Abtei aufbewahrt wurde. Er fand an der Seite des Schachtes einen Gang hinab.
Den stieg er hinunter und gelangte zu einer Kapelle. Mönche in weißen Gewändern traten ein und hielten Gottesdienst. Sie sagten Nikolaus, daß er standhaft sein müsse, denn er habe viele Versuchungen des Teufels zu durchstehen. Als er sie fragte, was ihm helfen könne, sagten sie: »Wenn sie dich quälen wollen, dann rufe schnell die Worte: ›Jesus Christus, Sohn des lebendigen Gottes, sei mir Sünder gnädig.‹«
Als die Mönche fortgegangen waren, nahten sogleich die Teufel. Zunächst versuchten sie, ihn mit Versprechungen

zu verführen und zu blenden, sagten, er solle heimkehren und sich ihnen fügen, sie würden ihn behüten und sicher geleiten. Doch als er ihnen partout nicht gehorchen wollte, hörte er plötzlich das Gebrüll vieler wilder Tiere, zugleich ein Grollen, als seien alle Elemente in Aufruhr. Er zuckte erschrocken zusammen, rief aber sogleich: »Jesus Christus, Sohn des lebendigen Gottes, sei mir Sünder gnädig.« Und sogleich verstummte aller Lärm der Bestien.

Er wurde nun an einen anderen Ort geführt, und auch dort waren Dämonen die Menge, die sagten: »Glaubst du wirklich, unseren Händen entrinnen zu können? Niemals! Denn jetzt fängt es erst an, daß du gefoltert und gequält wirst.« Ein riesiges Feuer loderte auf, und die Dämonen sagten: »Wenn du dich uns nicht fügst, werfen wir dich in die Flammen hinein, daß du verbrannt wirst.« Er aber widersetzte sich ihnen, und sie packten ihn und warfen ihn in die Glut. In qualvollem Schmerz schrie er auf: »Jesus Christus, Sohn des lebendigen Gottes, sei mir Sünder gnädig.« Sofort erlosch das Feuer.

Nun an einen anderen Ort gebracht, sah er, wie Männer lebendig in Feuern gebraten und von den Dämonen mit glühenden Eisen geschlagen wurden, bis ihnen die Eingeweide bloßlagen. Andere lagen bäuchlings und bissen in die Erde vor Schmerz und schrien: »Hört auf! Hört auf!« Doch die Dämonen schlugen noch heftiger zu.

Andere sah er, denen wurden die Gliedmaßen von Schlangen gefressen, und Kröten zogen ihnen mit glutheißen Stacheln die Gedärme heraus. Als er den Teufeln nicht nachgeben wollte, stießen sie auch ihn hinein in die Flammen und

quälten ihn ebenso mit den Eisen. Doch als er sein »Jesus Christus, Sohn des lebendigen Gottes ...« rief, war er sogleich aus der Qual befreit.
Weiter brachte man ihn an einen Ort, wo man Menschen in der Pfanne briet. Ein Rad stand dort, das war mit glühenden Haken besetzt. An verschiedenen Gliedmaßen wurden Menschen daran aufgehängt, und dann begann es sich so rasch zu drehen, daß es wie ein Feuerball erschien.
Auch erblickte er eine riesige Halle, wo überall Gruben von flüssigem Metall blubberten. Einige hatten einen Fuß darin, andere zwei, andere waren bis zu den Knien hineingestellt, andere bis zum Bauch, andere bis zur Brust und bis zum Hals, andere bis zu den Augen. Doch Nikolaus rief, als er an alldem vorbeikam, den Namen des Herrn an.
Und er ging weiter und schaute in einen gähnend weiten Schlund, daraus stiegen ein beißender Rauch und ein unerträglicher Gestank auf. Von dort krochen Menschen heraus, weißglühend wie Eisen, glimmende Funken, doch die Teufel stießen sie immer wieder hinein. Dort nun sagten sie zu ihm: »Dieser Ort, den du vor dir siehst, ist die Hölle, in welcher unser Herr Beelzebub haust. In diesen Schacht werfen wir dich, wenn du dich weigerst, uns zu gehorchen. Hier hineingefallen, gibt es kein Mittel mehr, zu entkommen.«
Aber Nikolaus wollte nicht hören, und sie griffen ihn und warfen ihn in die Tiefe. Da wurde er von so heftigem Schmerz übermannt, daß er vergaß, den Namen des Herrn anzurufen. Als er kurz wieder zu sich kam, hauchte er im Innern: »Jesus Christus, Sohn des lebendigen Gottes, sei mir Sünder gnädig.« Denn mit der Stimme vermochte er es nicht mehr.

Sogleich kam er unversehrt heraus, und die ganze Schar der Teufel floh, als wären sie besiegt.
Er wurde wieder an einen anderen Ort gebracht. Dort stand eine Brücke, über die er gehen mußte. Sie war ganz schmal und schlüpfrig, glatt wie Eis, und darunter ergoß sich ein Strom von Schwefel und Feuer. Er stand davor und gab schon die Hoffnung auf, jemals hinüberzugelangen, doch erinnerte er sich an die Worte, die ihn aus so vielen Nöten errettet hatten, schritt voll Vertrauen voran, setzte einen Fuß auf die Brücke und begann zu sprechen: »Jesus Christus, Sohn des lebendigen Gottes …« Ein ohrenbetäubender Lärm erschreckte ihn augenblicklich, daß er fast den Halt verlor, doch konnte er den besagten Spruch gerade noch hervorbringen und bekam festen Stand. Dann setzte er den anderen Fuß auf, wiederholte die Worte, und so tat er es bei jedem Schritt, sprach immer dieselben Worte und gelangte auf die andere Seite.
Drüben kam er auf eine anmutige Wiese, wo es nach allerlei Blumen roch, und siehe, zwei schöne Jünglinge erschienen ihm und geleiteten ihn zu einer prächtigen Stadt, die von Gold und Edelsteinen wunderbar glänzte. Aus ihrem Tor strömte ein heilender Duft, der ihn mit neuen Kräften erfüllte. Er meinte, niemals Schmerz verspürt und keinen Gestank gerochen zu haben. Diese Stadt sei das Paradies, sagten sie ihm.
Als Nikolaus hineingehen wollte, meinten jedoch die beiden Jünglinge, er müsse zuvor zu den Seinen zurück und alle Orte, durch die er gekommen sei, noch einmal durchschreiten, doch würden ihm die Dämonen nichts mehr anhaben kön-

nen, sondern bei seinem Anblick erschrocken fliehen. Nach dreißig Tagen werde er dann in Frieden entschlafen und die Stadt als ihr unvergänglicher Bürger betreten. Da stieg Nikolaus den ganzen Weg wieder hinauf, fand sich heil an der Stelle wieder, wo er hinabgestiegen war, und berichtete allen, was er erlebt hatte. Nach dreißig Tagen aber entschlief er selig im Herrn.

VOM HEILIGEN MAMERTINUS UND VOM HEILIGEN MARIANUS (20. APRIL)

Mamertinus, ursprünglich ein Heide, verehrte die Götterbilder, verlor ein Auge, und ihm verdorrte eine Hand. Da er meinte, er habe die Götter erzürnt, ging er zum Tempel, um zu ihnen zu beten. Da begegnete ihm ein Mönch, Sabinus. Der fragte ihn, woher er das schlimme Gebrechen habe. Mamertinus antwortete: »Ich habe meine Götter beleidigt. Nun gehe ich hin, um zu ihnen zu beten, damit sie mir wiedergeben, was sie mir im Zorn genommen haben.« Da sagte Sabinus: »Du irrst, Bruder. Diese Dämonen sind keine Götter. Geh zum heiligen Bischof Germanus von Auxerre, und wenn du seinem Rat folgst, wirst du wieder gesund werden.«

Mamertinus machte sich sogleich auf den Weg, und noch an diesem Tag kam er bis zum Grab des heiligen Bischofs Amator und einiger anderer Heiligen. Da setzten die Dämmerung und Regen ein. Er suchte Unterschlupf in einer Kammer, die direkt über dem Sarg des heiligen Concordianus gemauert war. Als Mamertinus dort einschlief, hatte er einen Traum: Ein Mann erschien am Eingang der Zelle und rief dem heiligen Concordianus zu, er solle auf das Fest kommen, das der heilige Peregrinus und der heilige Amator mit anderen Bischöfen feierten. Concordianus antwortete aber aus dem Grab: »Ich kann jetzt nicht. Ich habe einen Gast, den muß ich bewachen, damit er nicht von den Schlangen, die hier hausen, umgebracht wird.« Der Bote lief fort, berichtete, was er gehört hatte, kehrte wieder zurück zur Zelle und sagte:

»Heiliger Concordianus, steh auf und komm und bring die Subdiakone Vivianus und den Akolythen Jovianus mit, damit sie dir beim Amt dienen. Alexander wird derweil deinen Gast behüten.« Nun erschien es Mamertinus, als würde er vom heiligen Concordianus an der Hand ergriffen und mitgeführt. Als sie zu den versammelten Heiligen kamen, rief Amator: »Wer ist das, den du da mitgebracht hast?« Concordianus sagte: »Das ist mein Gast.« Und Amator: »Hinaus mit dem! Er ist unrein, er kann nicht bei uns bleiben.« Sie wollten ihn hinausstoßen, aber Mamertinus warf sich den Heiligen zu Füßen und bat um Vergebung, und der heilige Amator gewährte sie ihm schließlich. Doch befahl er ihm, nun rasch zum heiligen Germanus zu gehen.
Als Mamertinus aus dem Traum erwachte, stand er schnell auf und suchte, so schnell er konnte, den heiligen Germanus auf, warf sich ihm zu Füßen und bat um Vergebung. Er erzählte ihm alles, was geschehen war, und beide begaben sich zum Grab des heiligen Concordianus. Sie hoben die Steinplatte, die auf seinem Grab lag, und erblickten ein Gewimmel von Schlangen, die über zehn Fuß lang waren. Sie krochen fort, und der heilige Germanus gebot ihnen, an einen Ort zu fliehen, wo sie niemandem einen Schaden zufügen könnten. Mamertinus wurde getauft und geheilt. Er wurde Mönch im Kloster Saint-Germain und folgte dort Alodius als Abt nach.

Zu jener Zeit lebte im Kloster der heilige Marianus. Abt Mamertinus wollte dessen Gehorsam prüfen und betraute ihn mit dem niedrigsten Amt im Kloster: Er machte ihn zum

Rinderhirten. Während Marianus in der Wildnis Ochsen und Kühe hütete, war er fröhlich und von so großer Heiligkeit, daß sogar die Waldvögel zu ihm kamen und ihm aus der Hand pickten. Auch ein Wildschwein flüchtete sich vor den Hunden in seine Hütte, und er nahm es schützend auf und ließ es später wieder frei.

Einmal plünderte ihn eine Räuberbande aus. Sie nahmen seine Kleider, ließen ihm nichts als das Hemd und liefen davon. Marianus aber rief ihnen nach: »Kehrt um, meine Herren! Ich habe einen Groschen in mein Hemd eingenäht, der könnte euch in der Not auch nützlich sein.« Da machten sie kehrt, nahmen ihm auch noch das Hemd und ließen ihn nackt zurück. Als sie jedoch eilends ihre Höhle aufsuchen wollten, irrten sie die ganze Nacht umher und fanden sich bei Tagesanbruch wieder vor der Zelle des Mönchs. Marianus begrüßte sie, nahm sie gütig auf, wusch ihnen die Füße und versorgte sie, so gut er es vermochte. Die Räuber staunten, beklagten, was sie getan hatten, und wurden zum Gottesglauben bekehrt.

Einige junge Mönche, die sich bei ihm aufhielten, hatten einer Bärin, die Schafen auflauerte, Schlingen gelegt. In der Nacht ging sie in die Falle und saß fest. Marianus spürte es im Geist, stand von seinem Lager auf, fand die Bärin und sagte: »Armes Tier, was machst du da? Flieh, flieh nur schnell, daß man dich nicht erwischt!« Und er band sie los und ließ sie laufen.

Als Marianus starb und man seinen Leichnam nach Auxerre überführen wollte, stand das Fuhrwerk in einem Dorf still und ließ sich nicht mehr von der Stelle bewegen. Da kam ein Häftling herbei, dem plötzlich die Ketten zerrissen waren, so daß er frei aus dem Kerker laufen konnte, trat zu dem Leichnam und trug ihn mit anderen zusammen in die Stadt, wo Marianus in der Kirche des heiligen Germanus in Ehren bestattet wurde.

VOM HEILIGEN GEORG (23. APRIL)

Der Tribun Georg, von kappadokischem Geschlecht, kam einst in die Provinz Libyen in eine Stadt namens Silena. Unweit der Stadt lag ein See, groß wie ein Meer, in dem ein Seuchendrache hauste. Wenn das Stadtvolk, wie oftmals geschehen, gerüstet gegen ihn ausgezogen war, hatte er es in die Flucht geschlagen, war bis an die Mauern vorgedrungen und hatte alle krank werden lassen von seinem Pesthauch. Also gaben ihm die Bürger der Stadt täglich zwei Schafe zu fressen, um seine Wut zu besänftigen, denn sonst wäre er in die Stadt eingedrungen, hätte die Luft vergiftet, und die meisten wären umgekommen.

Als es schon fast keine Schafe mehr gab, jedenfalls nicht mehr viele da waren, beschlossen sie, zu einem jeden Schaf einen Menschen zu geben. So wurde gelost unter den Söhnen und Töchtern aller, und niemand wurde dabei ausgelassen. Als fast alle Söhne und Töchter schon aufgefressen waren, fiel eines Tages das Los auf die einzige Tochter des Königs, und sie wurde dem Drachen zugesprochen.

Traurig sagte der König: »Nehmt Gold und Silber und auch die Hälfte meines Reiches, aber laßt mir meine Tochter, daß sie nicht auf diese Art stirbt.« Da wurde das Volk wütend, und sie entgegneten: »Du selbst, König, hast dieses Gebot erlassen, und alle unsere Kinder sind tot. Nun willst du deine Tochter retten? Wenn du bei deiner Tochter nicht einhältst, was du bei anderen angeordnet hast, verbrennen wir dich und dein ganzes Haus.«

Als der König so das Volk sah, begann er, seine Tochter zu

beweinen: »Weh mir, meine süßeste Tochter, was soll ich mit dir tun? Was soll ich sagen? Deine Hochzeit werde ich nimmer erleben.« Und zum Volk gewandt sprach er: »Ich bitte euch, gewährt mir acht Tage, um meine Tochter zu betrauern.« Das Volk stimmte zu, aber sie kamen doch am Ende der acht Tage wieder zusammen und schrien voller Wut: »Warum vernichtest du dein Volk für deine Tochter? Sieh, wir sterben alle vom Atemhauch des Drachens.«

Der König mußte einsehen, daß er seine Tochter nicht retten konnte, legte ihr königliche Gewänder an, umarmte sie und sprach unter Tränen: »Weh mir, meine süßeste Tochter, und ich dachte, Kinder von dir aus königlichem Schoß aufziehen zu können, und nun gehst du, um von einem Drachen verschlungen zu werden! Weh mir, meine süßeste Tochter, ich hoffte, zu deiner Hochzeit Fürsten einzuladen, den Palast mit Perlen zu schmücken, Pauken und Trompeten zu hören, und nun gehst du, um von einem Wurm verschlungen zu werden!« Und er küßte sie, ließ sie los und rief: »Wäre ich doch vor dir gestorben, liebe Tochter, als dich so zu verlieren!« Da fiel sie dem Vater zu Füßen und bat ihn um seinen Segen. Als der Vater sie unter Tränen gesegnet hatte, ging sie hinaus zum See.

Da kam der heilige Georg an ihr vorbei, und als er sie weinen sah, fragte er sie, was sie habe. Sie sprach: »Guter Jüngling, steig schnell auf dein Pferd und flieh, damit du nicht mit mir zusammen stirbst.« Darauf Georg: »Fürchte dich nicht, Mädchen! Aber sage mir, worauf du hier wartest, während das ganze Volk zuschaut?« Und sie: »Du hast ein edles Herz, guter junger Mann, doch warum möchtest du mit mir ster-

ben? Flieh doch, schnell!« Darauf Georg: »Ich gehe nicht weg von hier, bis du mir nicht anvertraust, was du hast.«
Als sie ihm alles erzählt hatte, sagte Georg: »Mädchen, fürchte dich nicht! Im Namen Christi werde ich dir helfen.«
Und sie: »Guter Ritter, du sollst nicht mit mir sterben. Es reicht doch, wenn ich allein umkomme. Du kannst mich ja doch nicht retten und wirst mit mir sterben.«
Während sie noch sprachen, siehe, da kam der Drache. Er hob seinen Kopf aus dem See. Das Mädchen erzitterte und schrie: »Flieh, guter Herr, flieh sofort!« Da schwang sich Georg auf sein Pferd, bezeichnete sich mit dem Kreuz, ließ den Drachen herankommen und griff ihn todesmutig an. Er hob unerschrocken die Lanze, gab sich Gott anheim und verwundete den Drachen so schwer, daß dieser zu Boden stürzte. Dem Mädchen rief er zu: »Wirf dem Drachen deinen Gürtel um den Hals, mach schnell!« Sie tat es, und der Drache folgte ihr wie ein zahmer Hund. Aber als sie ihn in die Stadt führten, erschraken die Leute, flohen in die Berge und in Höhlen und sprachen: »Wehe, jetzt werde wir alle zugrunde gehen.« Doch der heilige Georg winkte ihnen zu und rief: »Fürchtet euch nicht, dazu hat der Herr mich zu euch gesandt, daß ich euch von der Plage des Drachens erlöse. Glaubt nur an Christus und laßt euch taufen, und ich werde diesen Drachen vernichten.« Da ließen sich der König und alles Volk taufen. Der heilige Georg aber zog sein Schwert, tötete den Drachen und befahl, ihn aus der Stadt zu schaffen. Da zogen ihn vier Paar Ochsen auf ein großes Feld hinaus. Getauft aber wurden an jenem Tag zwanzigtausend, Kinder und Frauen nicht gerechnet.

Der König aber ließ daraufhin zu Ehren der heiligen Maria und des heiligen Georg eine Kirche von gewaltiger Größe bauen. Aus ihrem Altar entspringt ein lebendiger Quell, dessen Trank die Kranken heilt. Dem heiligen Georg bot der König Geld über alle Maßen, doch der lehnte ab und ließ es den Armen geben.

Schließlich brachte Georg dem König in aller Kürze vier Dinge bei: daß er sich um die Kirche Gottes kümmere, die Priester ehre, die Heilige Messe fleißig höre und immer an die Armen denke. Nachdem er den König geküßt hatte, zog er fort.

In einigen Büchern liest man auch, daß Georg, als der Drache herankam, um das Mädchen zu fressen, sich mit dem Kreuz bezeichnete, den Drachen angriff und auf der Stelle tötete.

Zur Zeit, als Diokletian und Maximian Kaiser waren, geschah unter dem Statthalter Dacian eine solche Christenverfolgung, daß innerhalb eines Monats siebzehntausend mit dem Martyrium gekrönt wurden. Angesichts derartiger Gewalt ließen viele Christen vom Glauben ab und opferten den Götzen.

Als das der heilige Georg sah, rührte ihn der Schmerz im innersten Herzen. Er verteilte alles, was er besaß, legte seine Rüstung ab, zog das Christenkleid an, sprang mitten unter die Leute und rief: »Alle Götter der Heiden sind Dämonen, der Herr aber hat die Himmel geschaffen.« Da sprach der Statthalter zornig: »Wie kannst du es wagen, unsere Götter Dämonen zu nennen? Sag, woher du bist und wie du heißt!« Da antwortete Georg: »Ich heiße Georg, stamme aus einem

Adelsgeschlecht in Kappadokien, eroberte Palästina dank der Gnade Christi, doch habe ich alles verlassen, um freier dem Gott des Himmels dienen zu können.«

Da es dem Statthalter nicht gelang, ihn umzustimmen, befahl er, ihn aufs Folterpferd zu heben, seinen Leib Glied für Glied mit Eisenkrallen zu zerfleischen, seine Seiten mit Fakkeln zu verbrennen und in die Wunden, die bis in die Eingeweide klafften, Salz zu reiben. In derselben Nacht aber kam der Herr in einem ungeheuren Licht zu Georg und spendete ihm Trost. Diese Erscheinung glich fließendem Honig, und der Zuspruch kräftigte ihn so sehr, daß er die Schmerzen für nichts achtete.

Als Dacian erkannte, daß er Georg mit Folterungen nicht bezwingen konnte, ließ er einen Zauberer kommen und sagte zu ihm: »Diese Christen machen sich mit ihren magischen Künsten über die Folter lustig und verachten die Opfer für unsere Götter.« Darauf der Zauberer: »Wenn ich seine Künste nicht sollte überwinden können, dann will ich selbst des Todes schuldig sein.« Und er betrieb seine Zauberei, rief die Namen seiner Götter an, mischte Gift in Wein und gab ihn dem heiligen Georg zu trinken. Der Mann Gottes aber zeichnete das Kreuz darüber, schluckte das Getränk und spürte keinerlei Wirkung.

Nun mischte jener Zauberer ein noch stärkeres Gift als zuvor, doch der Mann Gottes schlug wiederum das Zeichen des Kreuzes darüber und trank es ohne jeden Schaden. Als der Zauberer das sah, fiel er vor ihm zu Boden, flehte kläglich um Gnade und verlangte, Christ zu werden. Da ließ ihn der Richter kurzerhand enthaupten.

Am folgenden Tag befahl Dacian, Georg auf ein Rad zu binden, das ringsum mit zweischneidigen Klingen besetzt war. Doch es zerbrach sogleich, und man fand Georg völlig unverletzt. Daraufhin ließ ihn der Statthalter erbost in einen Kessel mit flüssigem Blei werfen. Doch schlug Georg das Zeichen des Kreuzes, stieg hinein, und dank der Kraft Gottes wärmte er sich darin wie in einem Bad.

Als Dacian sah, daß er Georg mit Drohen und Gewalt augenscheinlich nicht beikommen konnte, beschloß er, es mit Freundlichkeit zu versuchen, um ihn zu erweichen. Er sprach zu ihm: »Du siehst, Georg, mein Sohn, wie langmütig unsere Götter sind. Noch ertragen sie deine Lästerungen. Indessen sind sie bereit, dir zu verzeihen, wenn du dich nur bekehren willst. So tu, liebster Sohn, was ich dir rate: Laß deinen Aberglauben und opfere unseren Göttern, dann wirst du große Ehren von ihnen und uns empfangen.«

Georg erwiderte lächelnd: »Warum bist du mir nicht gleich mit freundlichen Worten begegnet statt mit Drohungen und Folter? Siehe, ich bin bereit, zu tun, was du mir rätst.« Dacian, von diesem Spiel getäuscht, ließ freudig durch einen Herold ausrufen, daß alle zuhauf kommen sollten und sehen, wie Georg, der so lange Widerstand geleistet habe, endlich nachgebe und opfere.

Die Stadt wurde festlich geschmückt. Georg betrat den Götzentempel, wo ihn alle froh erwarteten. Er kniete nieder und betete zum Herrn, er möge, zum göttlichen Lob und zur Bekehrung des Volkes, den Tempel mitsamt den Götzenbildern so gründlich zerstören, daß nichts mehr übrigbliebe. Da fiel ein Feuer vom Himmel und verbrannte den Tempel mitsamt den Göttern und Priestern, und die Erde öffnete sich und verschlang noch alle Trümmer.

Am folgenden Tag wurde Georg dazu verurteilt, durch die Stadt geschleift und danach enthauptet zu werden. Georg betete noch zum Herrn, daß die Bitte eines jeden, der Hilfe von ihm erflehe, erfüllt werde. Eine göttliche Stimme sprach vom Himmel herab, daß es so geschehen werde, wie er es gewünscht habe.

Als er sein Gebet gesprochen hatte, vollendete er das Martyrium durch Enthauptung unter Diokletian und Maximian, die ihre Herrschaft um das Jahr 287 angetreten hatten. Als Dacian aber von der Stätte, wo Georg geköpft worden war, zum Palast zurückkehrte, kam ein Feuer Gottes vom Himmel herab und verzehrte ihn mitsamt seinem Gefolge.

VOM HEILIGEN VITUS UND VOM HEILIGEN MODESTUS (15. JUNI)

Von der Herkunft der Namen. Vitus kommt von *vita*, das Leben. Augustinus unterscheidet im Buch *Vom Gottesstaat* drei Arten von Leben: das aktive, das auf ein Dasein in Tatkraft zielt; das zurückgezogene, das Kontemplation und geistliche Muße pflegt; das aus beiden zusammengesetzte. Diese drei Lebensweisen waren alle in Vitus. Oder Vitus meint *virtus*, die Tugend, dann heißt er der Tugendhafte.
Modestus steht für *stans in modo*, in der Mäßigung stehend, das heißt in der tugendhaften Mitte. Denn jede Tugend wird in ihren Extremen von zwei Lastern eingeschlossen. An den Grenzen der Klugheit stehen Verschlagenheit und Dummheit. An den Grenzen der Mäßigung stehen die Erfüllung aller fleischlichen Gelüste und die Selbstquälerei. Die Grenzen der Tapferkeit bilden Kleinmut und Verwegenheit. Die Grenzen der Gerechtigkeit sind Grausamkeit und Nachgiebigkeit.

Vitus war ein lebhafter und gläubiger Junge von zwölf Jahren, der in Sizilien das Martyrium erlitt. Weil er die Götzen verabscheute und sie nicht anbeten mochte, wurde er von seinem Vater oft geschlagen. Als der Präfekt Valerianus davon hörte, ließ er den Knaben holen und befahl, als er nicht opfern wollte, ihn mit Knüppeln zu schlagen. Den Prüglern aber verdorrten die Arme und dem Präfekten die Hand, und er schrie auf: »Wehe, ich habe meine Hand verloren!« Vitus entgegnete: »Deine Götter mögen kommen und dich heilen, wenn sie können.« Darauf der Präfekt: »Und du? Kannst du es?« Und Vitus: »Im Namen des Herrn vermag ich es.« So betete er für den Präfekten und erwirkte dessen Heilung. Valerianus aber sagte zum Vater: »Sei streng mit deinem Sohn, daß es kein böses Ende mit ihm nimmt.«

Da brachte der Vater Vitus nach Hause und dachte, mit Musik und Tanz schöner Mädchen, mit Leckereien und Vergnügungen dem Sohn den Sinn zu drehen. Einmal, als sich der Junge in sein Zimmer eingeschlossen hatte, drang ein wundersamer Duft heraus und durchströmte das ganze Haus. Der Vater schaute zur Tür herein, sah sieben Engel um das Kind stehen und rief: »Die Götter sind in mein Haus gekommen.« In demselben Augenblick wurde er blind.

Sein Geschrei versetzte die ganze Stadt Lucana in helle Aufregung, und auch Valerianus eilte herbei und fragte, was ihm geschehen sei. Der Vater berichtete ihm: »Ich sah Götter wie Feuer und konnte ihre Angesichter nicht ertragen.« Man führte ihn zum Jupitertempel, und der Vater gelobte, einen Stier mit goldenen Hörnern zu opfern, wenn er nur das Augenlicht wiedererlangen könnte. Vergeblich war es, und so bat er seinen Sohn um Heilung. Durch dessen Gebet gewann er die Sehkraft wieder.

Dennoch wurde er nicht gläubig, sondern erwägte vielmehr, seinen Sohn zu töten. Dem Erzieher des Jungen, Modestus, erschien aber ein Engel und befahl ihm, ein Schiff zu besteigen und Vitus in ein anderes Land zu bringen. Das geschah, und ein Adler brachte den zweien Nahrung, und sie wirkten dort viele Wunder.

Zu der Zeit war ein Sohn des Kaisers Diokletian besessen von einem Dämon, und dieser verkündete, erst auszufah-

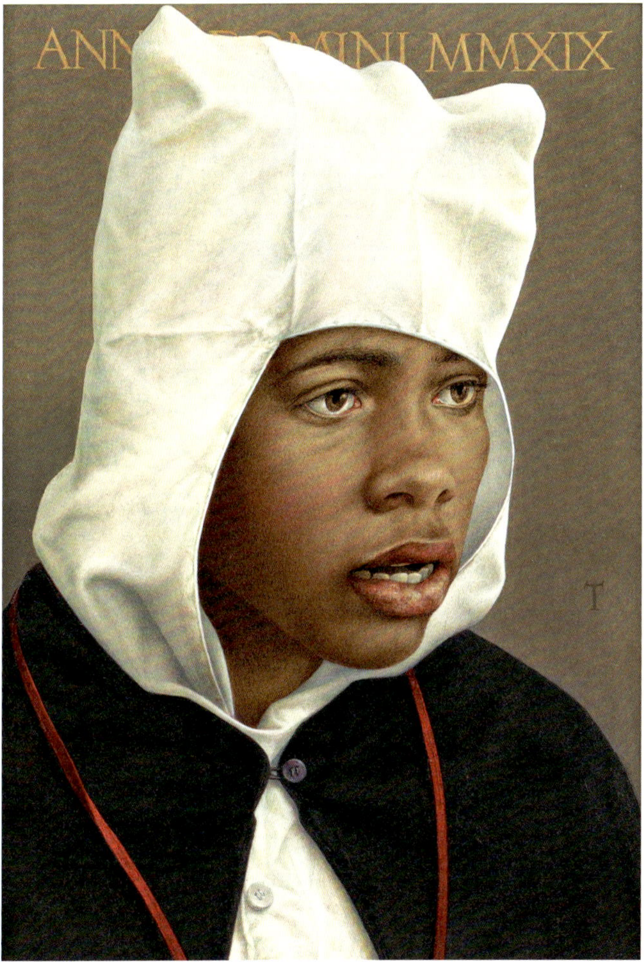
MMXIX

ren, wenn ein gewisser Vitus aus Lukana käme. Vitus wurde gesucht, gefunden und dem Kaiser vorgeführt. Diokletian sprach zu ihm: »Junge, magst du mein Kind heilen?« Vitus sprach: »Nicht ich, aber der Herr.« So legte er ihm die Hände auf, und der Dämon fuhr aus. Diokletian aber sagte zu ihm: »Jüngling, nimm dich in acht und opfere den Göttern, daß du nicht am Ende eines bösen Todes stirbst.«

Vitus weigerte sich und wurde zusammen mit Modestus in den Kerker geschafft. Die schweren Eisenketten aber, in die man sie gelegt hatte, fielen plötzlich ab, und das Verlies erstrahlte in einem gewaltigen Licht. Man meldete dies dem Kaiser, und der Junge wurde in einen glühenden Ofen geworfen, aber er kroch unverletzt heraus. Da ließ man einen wütenden Löwen auf ihn los, doch dieser wurde zahm durch die Kraft des Glaubens.

Es erging der Befehl, den Jungen zusammen mit Modestus und seiner Amme Crescentia, die ihn immer begleitet hatte, auf das Folterpferd zu spannen. Da stieg ein Dunst auf, die Erde bebte, Donner grollte, und die Götterstatuen im Tempel fielen um und erschlugen viele. Der Kaiser floh, war von Sinnen, schlug sich selbst mit der Faust und schrie: »Weh mir, ich bin von einem Knaben besiegt worden!«

Jene drei aber, von einem Engel gerettet, fanden sich am Ufer eines Flusses wieder, ruhten sich aus und beteten. Dort gaben sie ihre Seelen dem Herrn zurück. Ihre Leiber wurden von Adlern bewacht. Eine vornehme Frau, Florentina, fand sie. Vitus selbst hatte es ihr offenbart, und sie brachte sie fort und beerdigte sie in allen Ehren. Dieses Martyrium geschah unter Diokletian, der um das Jahr 287 den Thron bestieg.

VON DER HEILIGEN MARINA (18. JUNI)

Marina war ihres Vaters einzige Tochter. Als der Vater in ein Kloster eintrat, gab er seiner Tochter andere Kleidung, in der sie nicht mehr wie eine Frau aussah, sondern wie ein Mann. Dann bat er den Abt und die Mitbrüder, ob sie mit ihm auch seinen einzigen Sohn aufnähmen. Die Bitte wurde erfüllt, und sie wurde, von allen Brüdern Marinus genannt, ein Mönch. Sie führte nun ein sehr geistliches Leben und fügte sich dem klösterlichen Gehorsam. Siebenundzwanzig Jahre war sie alt, als der Vater spürte, daß sein Tod nahte. Er rief seine Tochter zu sich, bestärkte sie in ihrem guten Vorsatz und befahl ihr, niemals jemandem zu sagen, daß sie eine Frau sei.

Sie war nun häufig mit dem Ochsenkarren unterwegs und brachte Holz ins Kloster. Dabei übernachtete sie mehrmals im Hause eines Mannes, dessen Tochter von einem Soldaten schwanger geworden war. Man verhörte dazu das Mädchen, und sie behauptete, der Mönch Marinus habe sie vergewaltigt. Auch Marinus wurde befragt, ob er das Verbrechen begangen habe, und er bekannte sich schuldig und bat als Sünder um Gnade. Sofort entließ man ihn aus dem Kloster, und er blieb draußen vor dem Tor wohnen und nährte sich drei Jahre lang von Brotbrocken.

Nachdem der kleine Knabe entwöhnt war, wurde er dem Abt gebracht. Der übergab ihn Marinus zur Fürsorge, und so blieb er mit dem Kind zwei weitere Jahre dort. Das alles nahm er mit der größten Geduld hin und dankte Gott in allem. Angesichts solcher Demut und Duldsamkeit erbarmten

sich seine Brüder und nahmen ihn wieder ins Kloster auf, hängten ihm aber die niedersten Arbeiten an. Dies ertrug er heiter und erfüllte alles geduldig und ergeben.
Schließlich, nach einem Leben in guten Werken, ging er zum Herrn ein. Als sie aber seinen Leichnam wuschen und ihn außerhalb des Friedhofs und ohne Grabstein zu beerdigen dachten, entdeckten sie, daß er eine Frau war. Bestürzt und erschrocken erkannten sie, daß sie sich an der Dienerin Gottes schwer versündigt hatten. Alle liefen herbei, das Wunder und Spektakel zu sehen, und baten um Vergebung für die Unwissenheit und das Vergehen.
Der Leichnam Marinas wurde in der Kirche in allen Ehren aufgebahrt. Ein Dämon aber fuhr in die Frau, welche die Dienerin Gottes verleumdet hatte. Erst als sie ihre Tat öffentlich bekannte und zum Grab Marinas trat, wurde sie von ihm frei. Zu diesem Grab strömten nun Menschen von überall her, und viele Wunder geschahen dort. Marina starb am achtzehnten Juni.

VOM HEILIGEN PAPST LEO (28. JUNI)

Papst Leo feierte, wie es im Buch *Von den Wundern der Heiligen Jungfrau* zu lesen ist, am Tag der Auferstehung des Herrn eine Messe in der Kirche Santa Maria Maggiore. Als die Gläubigen nacheinander das Abendmahl empfingen, küßte eine Frau seine Hand, und er entbrannte in einer heftigen Versuchung des Fleisches. Der Gottesmann richtete sich selbst nach dem schärfsten Strafmaß: Noch am selben Tag schnitt er sich unbeobachtet die Hand ab, die ihm zum Anstoß geworden war, und warf sie weg.
Als aber der *Pontifex maximus* nicht mehr wie gewohnt erschien und die Messe zelebrierte, murrte das Volk. Da betete Leo zur Jungfrau Maria, vertraute sich ganz ihrer Fürsorge an, und sie erschuf seine Hand neu und fügte sie ihm mit ihren eigenen heiligsten Händen wieder an. Sie befahl ihm, sich nun zu zeigen und ihrem Sohn das Opfer darzubringen. Leo verkündigte dem Volk, was geschehen war, und zeigte allen seine Hand, die sichtbar geheilt war.

Damals verwüstete Attila Italien. Der heilige Leo wachte in der Kirche der Apostel drei Tage und drei Nächte im Gebet. Dann sagte er: »Wer mir folgen will, folge.« Er ging Attila entgegen. Der Hunnenkönig aber, als er den heiligen Leo sah, stieg von seinem Pferd und warf sich ihm zu Füßen. Er bat ihn, zu verlangen, was er wolle, und Leo forderte Attila auf, aus Italien abzuziehen und alle Gefangenen freizulassen. Die Hunnen hielten Attila vor, er habe sich als mächtigster Herr der Welt grundlos einem schlichten Priester unterworfen, und der König antwortete: »Ich habe für mich und für euch gesorgt. Ich sah zu seiner Rechten einen gewaltigen Krieger mit gezücktem Schwert stehen. Der sagte zu mir: ›Wenn du diesem nicht gehorchst, wirst du mit deinem ganzen Heer untergehen.‹«

VOM HEILIGEN ABT ARSENIUS (19. JULI)

Als er noch am Kaiserhof lebte und darum betete, das Seelenheil zu finden, hörte er eine Stimme: »Arsenius, flieh die Menschen, und du wirst gerettet werden.« Da entschloß er sich zum mönchischen Leben und hörte von neuem die Stimme: »Arsenius, flieh, schweige und ruhe.«

In der Wüste fand er einen nackten Einsiedler, der Gräser fraß wie ein Tier. Der nahm vor ihm Reißaus, doch Arsenius lief ihm nach und rief: »Warte auf mich, denn Gottes wegen folge ich dir.« Jener darauf: »Gottes wegen fliehe ich vor dir.« Da warf Arsenius sein Gewand ab. Sofort blieb der Einsiedler stehen und sprach: »Da du der Welt Materie abgeworfen hast, will ich auf dich warten.« Arsenius zu ihm: »Sag mir: Wie kann ich selig werden?« Der Einsiedler antwortete: »Flieh die Menschen und schweige.«

Der Vater des heiligen Arsenius, ein angesehener Senator, hinterließ ihm, als er starb, in seinem Testament ein großes Vermögen. Als ein kaiserlicher Beamter ihm das besagte Testament überreichte, nahm es Arsenius entgegen und wollte es sofort zerreißen. Da fiel ihm der Beamte zu Füßen und bat ihn, es nicht zu tun, sonst würde man ihm den Kopf abschlagen. Da sagte Arsenius: »Aber ich bin vor ihm gestorben. Wie kann es gehen, daß er mich zu seinem Erben macht, wo er erst jetzt gestorben ist?« Und er schickte das Testament zurück und wollte nichts annehmen.

Einmal sprach eine Stimme zu Arsenius: »Komm, und ich will dir die Werke der Menschen zeigen.« Und sie führte ihn an eine Stätte und zeigt ihm einen Äthiopier, der Holz fällte und es zu einem großen Bündel schnürte, das er nicht tragen konnte. Er fällte aber erneut Holz und häufte es noch dazu, und das tat er wieder und wieder. Danach zeigte die Stimme ihm einen Menschen, der Wasser aus einem See schöpfte und das Wasser in eine löchrige Zisterne goß, aus der das Wasser wieder zurück in den See sickerte. Doch gab er nicht auf, die Zisterne füllen zu wollen. Dann zeigte sie ihm einen Tempel, wo zwei Männer auf ihren Pferden quer gelegtes Holz trugen. Sie wollten hinein in den Tempel, konnten es aber nicht, weil das Holz quer lag.
Die Stimme erklärte ihm: »Diese Männer sind jene, die das Joch der Gerechtigkeit mit Stolz und nicht in Demut tragen, und so bleiben sie vom Reich Gottes ausgeschlossen. Der Holzfäller ist der Mensch, der in vielen Sünden ist und nicht Buße tut und nicht abläßt, Unrecht auf Unrecht zu häufen. Der Wasser schöpft, ist der Mensch, der gute Werke tut, doch weil sie mit Bösem vermischt sind, verliert er sie.«

An einem Samstag abend, bevor der Sonntag kam, saß Arsenius mit dem Rücken zur Sonne und hob seine Hände zum nächtlichen Himmel, bis am Sonntag morgen die Sonne aufging und sein Gesicht erleuchtete, und so blieb er sitzen.
Dies steht im *Leben der Väter*.

VOM HEILIGEN CHRISTOPHORUS (25. JULI)

Von der Herkunft des Namens. Christophorus hieß vor der Taufe *Reprobus*, der Verworfene. Danach hieß er Christophorus, was soviel heißt wie: Christusträger. Denn er trug Christus auf vier Arten: auf den Schultern bei der Überquerung des Flusses, im ganzen Körper beim Fasten, im Geist bei der Andacht, im Munde bei Bekenntnis oder Predigt.

Christophorus, ein Kanaanäer, hatte eine riesige Gestalt und war schauerlich anzusehen. Er maß zwölf Ellen in der Länge. Wie man im *Buch über seine Taten* lesen kann, stand er im Dienst eines Königs der Kanaanäer. Eines Tages kam es dem Riesen in den Sinn, den allerhöchsten Herrscher zu suchen, den es gäbe, um sich ihm anzuschließen und bei ihm zu bleiben. So gelangte er zu einem sehr mächtigen König, von dem überall der Ruf ging, daß die Welt keinen höheren Fürsten habe. Dieser König sah ihn, nahm ihn sofort mit Freuden auf und erreichte, daß er an seinem Hof blieb.
Eines Tages sang ein Gaukler ein Lied vor dem König, in dem immer wieder der Teufel vorkam. Der König, weil er christlichen Glaubens war, machte, sooft der Teufel genannt wurde, schnell ein Kreuzeszeichen vor seinem Gesicht. Als Christophorus das sah, wunderte er sich: Warum tat der König das, und was hatte das merkwürdige Zeichen zu bedeuten? Als er ihn fragte, wollte ihm der König keine Auskunft geben. Da sprach Christophorus: »Wenn du es mir nicht sagst, bleibe ich nicht bei dir.« Der König, gezwungenermaßen, gab zur Antwort: »Wenn ich den Teufel nennen höre,

schütze ich mich mit diesem Zeichen. Denn ich fürchte, er könne Gewalt über mich erlangen und mir schaden.«
Darauf Christophorus: »Wenn du fürchtest, der Teufel könne dir schaden, dann ist er also größer und mächtiger als du? Warum sollte dich sonst vor ihm grauen? So habe ich also nicht, wie ich hoffte, den größten und mächtigsten Fürsten für mich gefunden. Leb wohl! Ich will den Teufel suchen und ihn mir zum Herren nehmen und sein Diener sein.« So schied er von dem König und eilte, den Teufel zu suchen.
Er wanderte durch die Wildnis, da sah er eine große Schar Söldner. Ein verwegener und furchterregender Soldat trat zu ihm und fragte, wohin er denn wolle. Christophorus antwortete: »Ich gehe den Herren Teufel suchen, um ihn als meinen Herrscher zu nehmen.« Da sagte jener: »Ich bin es, den du suchst.« Freudig verpflichtete sich Christophorus zu ewigem Dienst und nahm ihn als seinen Herrn an.
Zusammen waren sie unterwegs, als sie an der Landstraße ein Kreuz aufgerichtet fanden. Der Teufel sah das Kreuz, erschrak, bog ab und führte Christophorus durch unwirtliches Gelände, um erst danach wieder zur Straße zurückzukehren. Christophorus sah das, wunderte sich und fragte, warum er sich denn so gefürchtet und die flache Straße verlassen und einen solchen Umweg durch die Einöde eingeschlagen habe. Da der Teufel ihm keine Erklärung geben wollte, sprach Christophorus: »Du verrätst es mir, oder ich verschwinde.«
In die Enge getrieben, sagte der Teufel: »Einen gewissen Menschen, der Christus genannt wird, schlug man ans

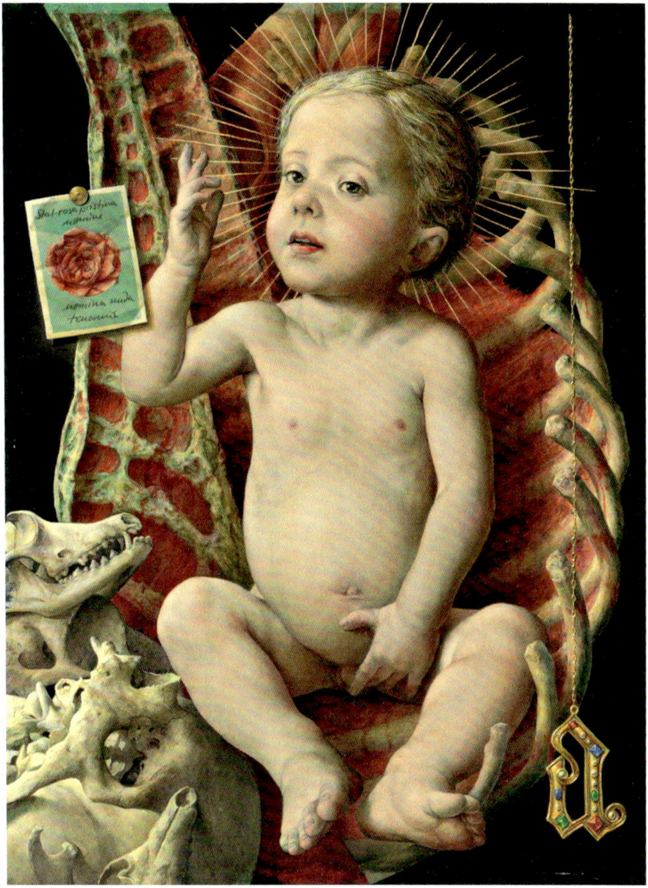
Stat rosa pristina
nomine
nomina nuda
tenemus

Kreuz. Dieses Kreuzeszeichen macht mir angst, wenn ich es sehe, ich erschrecke und laufe vor ihm davon.« Darauf Christophorus: »Also ist dieser Christus größer und mächtiger als du? Was würdest du sonst sein Zeichen so sehr fürchten? Ich bin also erneut ins Leere gelaufen, als ich meinte, den größten und mächtigsten Fürsten gefunden zu haben. So leb wohl. Ich verlasse dich und will jenen Christus suchen.«

Lange forschte er nach einem, der ihm etwas von diesem Christus sagen könnte. Endlich kam er zu einem Einsiedler, der ihm Jesus Christus predigte und ihn in dessen Glauben ausführlich unterwies. Der Eremit sagte zu ihm: »Jener König, dem du dienen willst, verlangt folgendes: Du sollst häufig fasten.« Darauf erwiderte Christophorus: »Er soll einen anderen Dienst verlangen. Das kann ich nicht.« Darauf der Einsiedler: »Dann sollst du viel zu ihm beten.« Christophorus antwortete: »Ich weiß nicht, was das ist. Solch einen Dienst kann ich nicht erfüllen.« Da sagte zu ihm der Eremit: »Kennst du den Fluß, wo so viele, die hinüberwollen, in Lebensgefahr geraten und auch umkommen?« Christophorus antwortete: »Ich kenne ihn.« Darauf der Eremit: »Da du groß gewachsen und stark bist, würde es dem König Christus, dem du dienen willst, eine große Freude bereiten, wenn du dich an dem Fluß niederlassen und alle hinübertragen könntest. Ich glaube, daß er dir dort erscheinen wird.« Christophorus sprach: »Das kann ich tun! Ihm diesen Dienst zu leisten, verspreche ich.« So zog er zu jenem Fluß, baute sich dort ein Häuschen, nahm eine Stange statt seines Wanderstabes in die Hand, auf die er sich in der Strömung stützte, und trug unermüdlich alle hinüber.

Viele Tage waren vergangen, da hörte er, als er in seiner Hütte lag, die Stimme eines Kindes, das ihn rief: »Christophorus, komm heraus und trage mich ans andere Ufer!« Augenblicklich lief er hinaus, aber er sah niemanden. Wieder in seinem Häuschen, hörte er erneut die Stimme, die ihn rief. Wieder lief er hinaus, fand aber niemanden. Zum dritten Mal gerufen, war ein Kind draußen am Flußufer. Es bat Christophorus sehr, hinübergetragen zu werden.

Christophorus hob also den kleinen Knaben auf seine Schultern, nahm seinen Stab und betrat den Strom, um hinüberzugehen. Doch siehe, das Wasser schwoll an, und das Kind wurde schwer und lastete auf ihm wie Blei. Je weiter er kam, desto höher stieg das Wasser und schwerer und schwerer wog das Kind auf seinen Schultern. Kaum konnte er sich unter der Last noch halten, ihm grauste, und er meinte gleich zu ertrinken.

Mit letzter Mühe durchschritt er den Fluß, gelangte ans Ufer, setzte das Kind ab und sagte zu dem Kleinen: »In große Gefahr hast du mich gebracht, Kind. Du warst so schwer, als hätte ich die ganze Welt auf mir. Nie habe ich eine größere Last getragen.«

Da antwortete ihm das Kind: »Wundere dich nicht, Christophorus. Du hast nicht nur die ganze Welt getragen, sondern den, der die Welt geschaffen hat. Ich bin Christus, dein König, dem du mit deiner Arbeit dienst. Und damit du weißt, daß ich die Wahrheit sage, stecke deinen Stab, wenn du wieder hinübergekommen bist, in die Erde neben deiner Hütte. Morgen früh wirst du ihn blühen und Früchte tragen sehen.« Sogleich verschwand er vor seinen Augen.

Als Christophorus nach Hause kann, steckt er den Stab in die Erde. Am Morgen stand er auf und sah ihn wie eine Palme grünen und Datteln tragen.

VON DEN SIEBEN SCHLÄFERN (27. JULI)

Die sieben Schläfer wurden in der Stadt Ephesus geboren. Als Kaiser Decius, ein Christenverfolger, nach Ephesus kam, ließ er mitten in der Stadt einen Tempel errichten. Dort sollten sich alle zum Opferkult versammeln. Er ließ Christen suchen und verhaften und zwang sie, zu opfern oder zu sterben. Da griff eine solche Angst um sich, daß ein Freund den Freund, der Sohn den Vater und der Vater den Sohn verleugnete.

In der Stadt fanden sich auch sieben Christen: Maximianus, Malchus, Martinianus, Dionysius, Johannes, Serapion und Konstantinus. Diese trugen Leid, als sie das sahen, und obwohl sie die Obersten am Hof waren, verweigerten sie das Götzenopfer, versteckten sich zu Hause und wachten dort in Fasten und Gebet. Sie wurden angeklagt, Decius vorgeführt, und als sie tatsächlich als Christen erkannt wurden, erhielten sie Bedenkzeit und wurden bis zur Rückkehr des Kaisers entlassen. Doch in dieser Zwischenzeit verteilten sie ihr Erbe unter den Armen und beschlossen, sich gemeinsam auf den Berg Celion zurückzuziehen und in dessen Abgeschiedenheit zu bleiben.

Während sie sich verbargen, diente immer einer den anderen, und der betrat die Stadt verkleidet als Bettler. Bald kehrte Kaiser Decius zurück und ließ die sieben für das Opfer suchen. Malchus, der gerade Diener unter ihnen war, lief erschrocken zu den Gefährten zurück und erzählte vom wütenden Eifer des Kaisers.

Große Angst überfiel sie, doch gab ihnen Malchus die mitgebrachten Brote, damit sie sich stärken und tapfer ihren

Kampf bestehen könnten. Sie aßen zu Abend und redeten miteinander unter Trauer und Tränen und schliefen plötzlich nach dem Willen Gottes ein.

Als man sie am Morgen erneut suchte, konnte niemand sie finden, und Decius bedauerte, die jungen Männer verlorengeben zu müssen. Da wurde angezeigt, daß sie sich auf dem Berg Celion verbergen würden, ihr Gut armen Christen verschenkt hätten und auf ihrem Entschluß beharrten. Decius lud ihre Eltern vor und drohte ihnen mit dem Tode, falls sie ihm nicht alles sagen würden, was sie wüßten. Diese aber klagten selbst ihre Kinder an, weil sie ihr ganzes Vermögen an die Armen verschleudert hätten. Der Kaiser überlegte, was zu tun sei, und befahl schließlich, auf Gottes Eingebung, den Eingang der Höhle mit Steinen zu vermauern. So würden die sieben, darin eingeschlossen, an Hunger und Durst sterben. Das taten seine Knechte, und zwei Christen, Theodorus und Rufinus, legten heimlich eine Beschreibung dieses Martyriums zwischen den Steinen nieder.

Nach dem Tod des Decius und aller seiner Zeitgenossen, dreihundertzweiundsiebzig Jahre später, im dreißigsten Regierungsjahr des Kaisers Theodosius verbreitete sich im Reich die Irrlehre derer, welche die fleischliche Auferstehung der Toten leugneten. Traurig, weil er den Glauben bedrängt sah, blieb der allerchristlichste Kaiser Theodosius in härenem Gewand einsam in einer Kammer und weinte tagelang. Der barmherzige Gott aber, »der die Trauernden tröstet«, wollte die Hoffnung auf die Auferstehung der Toten stärken und öffnete den Schatz seiner Gnade. Folgendermaßen erweckte er die Märtyrer zum Leben:

Er gab einem Bürger der Stadt Ephesus den Einfall ins Herz, auf jenem Berg Stallungen für seine Hirten zu bauen. Als Maurer die Höhle öffneten, erwachten die Heiligen, grüßten einander und glaubten, sie hätten nur eine Nacht geschlafen. Die Traurigkeit vom Vortag kam wieder, und sie fragten Malchus, der ihnen diente, noch einmal, was genau Decius über sie beschlossen habe. Dieser antwortete: »Wie ich schon gestern abend sagte: Wir werden gesucht und sollen den Götzen opfern. Das ist es, was der Kaiser mit uns vorhat.« Maximianus fügte hinzu: »Und Gott weiß, daß wir nicht opfern werden!« Er sprach seinen Gefährten Mut zu und forderte Malchus auf, in die Stadt hinunterzusteigen und Brot zu kaufen, mehr Brot als am Vortag, und ihnen nach der Rückkehr zu berichten, was der Kaiser inzwischen befohlen habe. Also nahm Malchus fünf Gulden und trat aus der Höhle. Er wunderte sich, als er die Steine sah, doch weil er anderes im Kopf hatte, dachte er nicht weiter darüber nach.

Ängstlich näherte sich Malchus dem Stadttor und war sehr erstaunt, als er das Kreuzeszeichen darüber sah. Er lief zu einem anderen Tor, sah dort dasselbe Zeichen und wunderte sich über alle Maßen. Als er an allen Toren das Kreuzeszeichen fand und die Stadt auch verändert erschien, bekreuzigte er sich, lief wieder zum ersten Tor und dachte, er träume.

Doch faßte er Mut, verhüllte sein Gesicht und betrat die Stadt. Er kam zu den Läden, wo sie Brot verkauften, und hörte Passanten von Christus reden. Verstört fragte er sich: »Was ist das? Gestern wagte niemand, den Namen Christi auszusprechen, und heute bekennen ihn alle? Das kann doch

nicht die Stadt Ephesus sein, denn sie ist auch anders gebaut. Aber ich kenne auch keine andere Stadt, die so aussieht.«
Man sagte ihm aber auf seine Frage, daß er in Ephesus sei, und nun meinte er, wirklich verrückt zu sein, und beschloß, zu seinen Gefährten zurückzukehren. Er ging noch zu den Brothändlern, doch als er seine Silbergroschen hervorholte, wunderten sich nun diese und meinten, dieser Jüngling habe einen alten Schatz gefunden.
Als Malchus sah, wie sie miteinander redeten, dachte er, sie wollten ihn vor den Kaiser bringen, und bat sie erschrocken, Brot und Geld zu behalten, ihn aber laufenzulassen. Doch sie hielten ihn fest und fragten: »Wo bist du her? Du hast einen Schatz der alten Kaiser gefunden, zeig ihn uns auch, dann sind wir deine Gesellen und verraten dich nicht. Sonst kommt es heraus.« Malchus wußte vor Angst nicht, was er sagen sollte.
Da sie ihn schweigen sahen, warfen sie ihm einen Strick um den Hals und schleppten ihn durch die Straßen bis in die Mitte der Stadt, und überall verbreitete sich das Gerücht, daß ein junger Mann einen Schatz gefunden habe. Alles Volk drängte sich zusammen und wollten ihn sehen. Malchus mühte sich, ihnen zu erklären, daß er nichts gefunden habe. Er schaute sich um, doch keiner erkannte ihn. Er suchte in dem Menschenauflauf, ob er einen Verwandten entdecken könne, denn er glaubte sie ja alle noch am Leben, doch fand er niemanden und stand wie ein Irrer mitten in der Menge.
Der Bischof, der heilige Martin, und der Prokonsul Antipater, der vor kurzem in die Stadt gekommen war, hörten davon und befahlen, den Mann vorsichtig und mitsamt der Münzen

zu ihnen zu bringen. Als Malchus von Dienern zur Kirche geführt wurde, meinte er, es ginge zum Kaiser. Bischof und Prokonsul betrachteten verwundert die Münzen und fragten ihn, wo er den unbekannten Schatz entdeckt habe.
Malchus aber erwiderte, daß er überhaupt nichts gefunden habe, sondern die Denare von seinen Eltern seien. Als sie ihn fragten, aus welcher Stadt er käme, antwortete er: »Ich weiß sicher, daß ich aus dieser Stadt bin, wenn sie die Stadt Ephesus ist.« Der Prokonsul sagte: »Laß deine Eltern kommen, daß sie für dich zeugen.«
Er nannte ihre Namen, aber niemand kannte sie. Da glaubten sie, er würde das alles erfinden, um entkommen zu können. Der Prokonsul sprach: »Wie sollen wir dir glauben, daß du das Geld von deinen Eltern hast, wo die Inschrift darauf älter als dreihundertzweiundsiebzig Jahre ist und aus der Zeit eines alten Kaisers stammt, der Decius hieß? Sie gleichen in nichts unseren heutigen Münzen. Und wie sollen deine Eltern vor so langer Zeit gelebt haben? Willst du als frecher Jüngling die Alten und Weisen von Ephesus an der Nase herumführen? Ich werde dich dem Richter übergeben, bis du wahrheitsgemäß aussagst, was du gefunden hast.«
Da fiel Malchus vor ihnen nieder und rief: »Bei Gott, ihr Herren, sagt mir, was ich euch frage, und ich sage euch alles, was ich im Herzen berge. Kaiser Decius, der in dieser Stadt war, wo ist er jetzt?« Der Bischof sprach: »Mein Sohn, es ist niemand auf Erden, der Decius heißt. Das war ein Kaiser vor langer Zeit.« Malchus aber sagte: »Das, Herr, verstehe ich nicht, und niemand glaubt mir. Doch kommt mit, und ich zeige euch meine Gefährten, die auf dem Berg Celion sind,

vielleicht glaubt ihr ihnen. Denn das eine weiß ich, daß wir vor dem Kaiser Decius geflohen sind, und gestern sah ich, wie am Abend Decius in diese Stadt einzog, wenn es denn die Stadt Ephesus ist.«

Da wurde der Bischof nachdenklich und sagte zum Prokonsul: »Vielleicht ist es ein Wunder, das uns Gott an diesem jungen Mann zeigen will.« Sie gingen also mit ihm, gefolgt von einer riesigen Menschenmenge. Malchus trat zuerst in die Höhle zu seinen Gefährten, danach der Bischof, der am Eingang unter den Steinen einen Brief fand, der silbern versiegelt war. Er rief das Volk zusammen, las vor, und alle hörten und staunten. Und als sie die Heiligen in der Höhle sitzen sahen, deren Gesichter wie Rosen blühten, fielen sie nieder und priesen Gott.

Sogleich sandten Bischof und Prokonsul zu Kaiser Theodosius und baten ihn, rasch zu kommen und Gottes neuerliches Wunder zu sehen. Der Kaiser erhob sich aus dem Staub und aus dem Sackgewand, worin er trauerte, pries Gott und reiste von Konstantinopel nach Ephesus, und alle kamen ihm entgegen und stiegen mit ihm zur Höhle hinauf.

Im Augenblick, als die Heiligen den Kaiser sahen, erglänzten ihre Gesichter wie die Sonne. Der Kaiser trat ein, fiel vor ihnen nieder, lobte Gott und erhob sich, um jeden der sieben zu umarmen, über ihnen zu weinen, und sprach: »So sehe ich euch, als würde der Herr gerade den Lazarus erweckt haben.« Da sagte der heilige Maximianus zu ihm: »Glaube uns: Der Herr hat uns deinetwegen vor dem Tag der großen Auferstehung zum Leben erweckt, damit du unerschütterlich glaubst, daß es die Auferstehung der Toten gibt. Denn

wir sind wirklich auferstanden und leben, und wie ein Kind im Mutterleib keinen Schaden spürt und lebt, so lagen auch wir lebendig, schliefen, spürten nichts.«
Mit diesen Worten neigten sie vor aller Augen ihr Haupt, entschliefen auf der Erde und gaben nach Gottes Befehl ihren Geist auf. Der Kaiser stand auf und warf sich weinend über sie und küßte sie. Er befahl, goldene Särge zu machen, in die sie gelegt werden sollten. Die sieben erschienen ihm aber in derselben Nacht und baten, daß er sie so, wie sie auf der Erde gelegen hätten und von der Erde aufgestanden seien, beließe, bis der Herr sie ein zweites Mal erweckte. Da ließ der Kaiser die Stätte mit goldenen Steinen verzieren. Allen Bischöfen, die sich zur Auferstehung des Fleisches bekannten, gewährte er einen Sündenerlaß.
Daß die Heiligen dreihundertzweiundsiebzig Jahre geschlafen hätten, kann man bezweifeln, da sie im Jahr 448 auferstanden sind, Decius aber nur ein Jahr und drei Monate regiert hat, und zwar im Jahr des Herrn 252. Sie schliefen folglich nur einhundertvierundneunzig oder einhundertdreiundneunzig Jahre lang.

VON DEN HEILIGEN ABDON UND SENNEN (30. JULI)

Abdon und Sennen erlitten unter Kaiser Decius das Martyrium. Denn Kaiser Decius eroberte Babylonien zusammen mit anderen Ländern und fand dort Christen vor. Die führte er mit sich in die Stadt Cordoba und brachte sie unter Zufügung vieler Qualen um. Zwei Unterkönige, Abdon und Sennen, bargen ihre Leichen und begruben sie. Dessen wurden sie angezeigt, Decius vorgeführt und in Ketten nach Rom gebracht. Hier wurden sie in Anwesenheit des Kaisers dem Senat überstellt und aufgefordert, entweder zu opfern, um wieder freie Verfügung über ihr Hab und Gut zu erhalten, oder aber von den Raubtieren gefressen zu werden.

Sie verwahrten sich und spuckten auf das Götterbild, so wurden sie ins Theater geschleppt, wo man zwei Löwen und vier Bären auf sie losließ. Diese aber rührten die Heiligen nicht an, sondern beschützten sie. Da ging man mit Schwertern auf sie los und tötete sie. Mit gebundenen Füßen schleifte man sie fort und warf sie vor das Bild des Sonnengottes. Drei Tage lagen sie dort, bis der Subdiakon Quirinus sie nahm und in seinem Haus begrub. Sie erlitten den Tod um das Jahr 253.

VOM HEILIGEN AEGIDIUS
(1. SEPTEMBER)

Von der Herkunft des Namens. Aegidius kommt von *e*, das heißt ohne, und *geos*, Erde, und *dyan*, leuchtend oder göttlich. Er war nämlich ohne alle Achtung des Irdischen, leuchtend im Glanz seiner Weisheit, göttlich in der Liebe, die den Liebenden dem Geliebtem gleich macht.

Aegidius stammte aus einem königlichen Geschlecht in Athen und wurde von Kindheit an in den heiligen Schriften unterrichtet. Eines Tages ging er zur Kirche, und ein Kranker lag auf dem Platz davor und bat um Almosen. Dem gab Aegidius seinen Rock, und als der Kranke ihn überzog, wurde er sogleich gesund. Als seine Eltern im Herrn entschliefen, machte er Christus zum Erben aller seiner Güter.

Eines Tages kam er von der Kirche zurück und traf auf einen Mann, den eine Schlange gebissen hatte. Durch sein Gebet trieb Aegidius ihm das Gift aus.

Weil er die Gunst der Menschen als Gefahr ansah, zog er sich allein an den Meeresstrand zurück. Da beobachtete er einmal Schiffer in Seenot, betete und stillte den Sturm. Als die Seeleute anlandeten und hörten, daß er gern nach Rom wolle, boten sie ihm zum Dank für seine Fürbitte an, ihn umsonst mitzunehmen.

Als Aegidius nach Arles kam, blieb er zwei Jahre lang bei Caesarius, dem Bischof der Stadt. Er heilte eine Kranke, die drei Jahre lang im Fieber gelegen hatte. Da er sich aber nach der Einsamkeit sehnte, ging er heimlich fort und blieb lange Zeit bei Veredemio, einem Einsiedler, der als Heiliger galt, und vertrieb dort die Dürre des Erdreichs durch seine Verdienste.

Als die beiden durch ihre Wunder berühmt wurden, verließ Aegidius den Einsiedler, denn er fürchtete das Ansehen der Menschen und erachtete es als Bedrohung. So zog er noch tiefer in die Wildnis. Er fand eine Höhle und eine kleine Quelle. Eine Hirschkuh, von Gott gesandt, diente ihm als Amme und gab ihm zu bestimmter Stunde Milch zu trinken.

Doch eines Tages jagten die Knappen des Königs dort, und als sie die Hirschkuh erblickten, ließen sie alles andere Wild und verfolgten sie mit ihren Hunden. Hart von ihnen bedrängt, floh das Tier zu den Füßen ihres Pfleglings. Der wunderte sich über ihr ungewöhnliches Hecheln, trat hinaus und hörte die Jäger. Da betete er zum Herrn, daß die Amme, die ihm gegeben war, bewahrt bliebe. Keiner der Hunde nun getraute sich näher als einen Steinwurf weit an die Höhle heran, jaulend liefen sie zu den Jägern zurück.

Da die Nacht einbrach, zog die Schar heim. Sie kam tags darauf wieder, aber erneut mußte sie unverrichteter Dinge umkehren. Als der König davon hörte – und er ahnte, daß die Sache so sei, wie sie wirklich war –, eilte er selbst zusammen mit dem Bischof und vielen Jägern dorthin. Die Hunde wagten sich wie zuvor nicht näher und zogen sich winselnd zurück. Die Schar schloß einen Kreis um den von dichtem Dorngestrüpp verwucherten Ort. Einer der Jäger jedoch schoß leichtsinnig einen Pfeil ab, um die Hirschkuh herauszutreiben. Er fügte dem Gottesmann, der über dem Tier betete, eine schwere Wunde zu.

Nun bahnten sich die Ritter mit Schwertern einen Weg und drangen bis zur Höhle vor. In ihrem Inneren erblickten sie den hochbetagten ehrwürdigen Greis im Mönchsgewand mit weißem Haar, und die Hirschkuh lag zu seinen Füßen. Der Bischof und der König befahlen den anderen, draußen zu warten, und traten selbst zu Fuß hinein. Sie fragten, wer er sei, woher er komme, warum er die tiefe Einsamkeit der Wildnis gesucht habe und wer es gewagt habe, ihn so schwer zu verletzen.

Aegidius beantworte nacheinander ihre Fragen, und sie baten ihn demütig um Verzeihung. Sie versprachen ihm auch, Ärzte zu schicken für seine Wunde, und boten ihm Schmuck und Schätze an. Doch Aegidius wollte keine ärztliche Hilfe und lehnte die Geschenke ab, ohne sie auch nur anzusehen. Weil er wußte, daß sich die Tugend im Leiden vollendet, bat er vielmehr den Herrn, ihm nie wieder die frühere Gesundheit zu geben, solange er noch lebe.

Der König besuchte ihn nun öfter, um die Speise des Heils von Aegidius zu empfangen. Er bot ihm unermeßliches Gut an, doch weigerte sich Aegidius beharrlich, etwas anzunehmen. Vielmehr bat er den König, ein Kloster zu bauen, in dem eine strenge Mönchsdisziplin geübt würde. Der König tat dies, bestürmte aber danach den Heiligen mit Bitten und Tränen, daß er nun auch die Sorge für dieses Kloster auf sich nähme. Lange weigerte er sich, doch schließlich willigte Aegidius ein.

Der Ruhm des Aegidius drang zu König Karl, und der bat ihn, zu ihm zu kommen, und empfing ihn in allen Ehren. Mitten im Gespräch über geistliche Dinge bat ihn plötzlich der König, gnädig für ihn zu beten, denn er habe eine entsetzliche Untat begangen, die er niemandem, auch nicht dem Heiligen selbst, zu bekennen wage.
Am darauffolgenden Sonntag, als Aegidius für ihn die Messe las und betete, erschien ihm der Engel des Herrn und legte einen Zettel auf den Altar, auf dem die Sünde des Königs haargenau beschrieben war. Auch stand dabei, daß sie ihm durch die Fürbitte des Aegidius vergeben sei, wenn er nur Buße tue, beichte und künftig davon lasse. Am Ende war noch angefügt: Wer immer ein Vergehen mit sich trage und den heiligen Aegidius anrufe, der dürfe vertrauen, daß ihm die Sünde durch dessen Verdienst vergeben sei, wenn er es nur nicht wieder täte. Man brachte den Zettel dem König, und der erkannte seine Sünde und bat demütig um Vergebung.
Aegidius kehrte mit großen Ehren heim und auferweckte auf dem Rückweg in der Stadt Nîmes den Sohn des Fürsten, der gerade gestorben war.

Nicht lange danach weissagte er, daß sein Kloster bald von Feinden zerstört werden würde. Er reiste nach Rom, erlangte vom Papst Sonderrechte für seine Kirche, und dieser schenkte ihm dazu zwei Türflügel aus Zedernholz, geschmückt mit geschnitzten Bildern der Apostel. Aegidius warf sie kurzerhand in den Tiber und befahl sie Gottes Fügung. Auf dem Heimweg ins Kloster heilte er einen Lahmen bei Cavaillion. Wieder im Kloster, fand er die Türen im Hafen liegen, dankte Gott, daß er sie unbeschädigt in den Gefahren des Meeres erhalten hatte, und ließ sie zur Zierde der Kirche und zum Zeugnis des Vertrags mit Rom im Kircheneingang einsetzen.

VOM HEILIGEN HIERONYMUS (30. SEPTEMBER)

Von der Herkunft des Namens. Hieronymus kommt von *hierar*, das heißt heilig, und *nemus*, was soviel wie heiliger Hain bedeutet. Oder von *noma*, das Gesetz, weshalb es in seiner Legende heißt, daß Hieronymus heiliges Gesetz bedeute. Er war nämlich heilig, das heißt, fest oder rein oder in Blut getaucht oder zu heiligem Gebrauch geweiht, wie die Tempelgeräte heilig hießen, weil sie zu heiligem Gebrauch bestimmt waren.
Heilig war er, das heißt, fest in guten Werken durch seine Beharrlichkeit und Langmut, rein in seinem lauteren Sinn, in Blut getaucht durch die Betrachtung des Leidens des Herrn, zu heiligem Gebrauch geweiht durch Auslegung und Deutung der Heiligen Schrift.
Hieronymus heißt auch Hain, und zwar von dem Wald, in dem er einst wohnte, und Gesetz wegen der Ordensregel, die er seinen Mönchsbrüdern gab, oder weil er das heilige Gesetz auslegte und deutete.
Hieronymus heißt auch Schau der Schönheit oder Richter des Redens. Es gibt aber vielerlei Schönheit. Die erste ist spirituell, sie ist in der Seele, die zweite moralisch, sie besteht in der Achtung der Sitten, die dritte geistig, sie ist die Schönheit der Engel, die vierte übernatürlich, sie ist das Göttliche, die fünfte himmlisch, sie ist die Heimat der Heiligen. Diese fünffache Schönheit erkannte Hieronymus an sich selbst und trug sie in sich. Denn die spirituelle Schönheit hatte er in der Vielfalt der Tugenden, die moralische in der Ehrbarkeit seines Lebens, die geistige in höchster Lau-

terkeit, die übernatürliche in der brennenden Liebe, die himmlische in der ewigen Klarheit. Er war Richter über die Sprache oder die Wörter, sowohl die eigenen als auch die der anderen, indem er die eigenen prüfte, die der anderen in ihrer Wahrheit bestätigte, falsche widerlegte, strittige erhellte.

Hieronymus, Sohn des Aristokraten Eusebius, stammte aus der Stadt Stridon, die an der Grenze zwischen Dalmatien und Pannonien liegt. Schon als Kind kam er nach Rom und wurde in lateinischer, griechischer und hebräischer Sprache sorgsam unterrichtet. Sein Lehrer in Grammatik war Donatus, in Rhetorik der Redner Victorinus. Den heiligen Schriften aber widmete er sich Tag und Nacht und schöpfte gierig, was er später reichlich ausschenkte.

Eine Zeitlang aber, wie er selbst in einem Brief an Eustochium berichtet, las er tags unermüdlich Cicero und nachts Platon, weil ihm der ungepflegte Stil in den prophetischen Büchern der Bibel mißfiel. Da wurde er mitten in der Fastenzeit von einem heftigen Fieber ergriffen. Er schlotterte am ganzen Leib vor Kälte und spürte nur in der Brust noch Lebenswärme.

Man bereitete schon sein Begräbnis vor, da wurde er entrückt vor den göttlichen Richterstuhl und gefragt, in welcher Überzeugung er stehe, und er bekannte offen, daß er Christ sei. Darauf der Richter: »Du lügst, du bist ein Ciceronianer, kein Christ! Denn wo dein Schatz ist, da ist auch dein Herz.« Hieronymus verstummte, und der Richter ließ ihn hart schlagen. Hieronymus schrie auf und sprach: »Erbarme

dich meiner, Herr, erbarme dich meiner!« Da baten die Umstehenden, dem jungen Mann Gnade zu gewähren. Er selbst aber fing an zu schwören und sagte: »Herr, wenn ich je wieder weltliche Bücher besitze oder lese, habe ich dich verleugnet.« Als er dieses Gelübde geleistet hatte, kam er wieder zu sich, fand sich in Tränen gebadet, und seine Schultern waren voll blauer Flecken von den Schlägen, die er vor dem Tribunal erhalten hatte. Die heiligen Bücher las er von nun an mit derselben Leidenschaft, wie er zuvor die Bücher der Heiden gelesen hatte.

Als er neununddreißig Jahre alt war, wurde er in der römischen Kirche zum Kardinalspriester geweiht. Da starb Papst Liberius, und von Hieronymus wurde allgemein und unter öffentlichem Beifall als würdigem Nachfolger gesprochen. Weil er jedoch den zweifelhaften Lebenswandel einiger Kleriker und Mönche anprangerte, waren diese über ihn erzürnt und stellten ihm eine Falle.

Wie Johannes Beleth berichtet, machten ihn seine Gegner auf hinterhältige Weise durch ein Frauenkleid zum Gespött. Denn als Hieronymus wie gewohnt zur nächtlichen Frühmesse aufstand, ertastete er neben seinem Bett ein Frauenkleid, das ihm seine Neider hingelegt hatten, und zog es an, denn er meinte, es wäre seines, und so trat er in die Kirche. Das taten seine Neider, damit das Volk glaube, er habe eine Frau in seinem Zimmer gehabt. Als er es bemerkte, überließ er sie ihrer Bosheit und zog fort zu Gregor von Nazians, der damals Bischof von Konstantinopel war. Von ihm lernte er viel über die heiligen Schriften und begab sich von dort in die Wüste. Was er in ihr um Christi willen litt, berichtet er Eustochium mit folgenden Worten: »Wann immer ich in der Wüste war in jener weiten Einsamkeit, die von der Glut der Sonne ausgebrannt den Mönchen eine schreckliche Wohnstatt bot, glaubte ich doch in Rom mit seinen Wonnen zu sein. Starrend vor Staub im härenen Sack mit entstellten Gliedern, war meine Haut mit einer Kruste überzogen und sah aus wie die eines Mohren. Täglich Tränen, täglich Seufzen, und wenn mich einmal der Schlaf übermannte, drückte das harte Erdreich von unten gegen die dürren Glieder. Von Essen und Trinken will ich schweigen, da auch die Kranken nur kaltes Wasser bekamen und etwas Gekochtes der reine Luxus gewesen wäre. Obschon nur Gefährte von Skorpionen und wilden Tieren, erschienen mir Reigen von jungen Mädchen vor Augen, und in meinem erkalteten Leib und dem erstorbenen Fleisch tobte das Feuer der Lust. So weinte ich viel und kämpfte gegen den widerspenstigen Körper mit wochenlangem Fasten. Tag und Nacht blieb ich wach und ließ nicht ab, mich an die Brust zu schlagen, bis der Herr mir Ruhe gönnte. Selbst die eigene Zelle scheute ich, als wüßte sie meine Gedanken; mir selbst gram und fremd, zog ich allein durch die Wüste. Und so wahr der Herr meine Zeuge ist, nach vielen Tränen glaubte ich doch manchmal unter den Heerscharen der Engel zu sein.«

Nachdem er dort vier Jahre Buße getan hatte, kam er in die Stadt Bethlehem und entschloß sich, als kluges Tier an der Krippe des Herrn zu bleiben. Er sammelte mit größtem Eifer eine Bibliothek und machte sie zu seiner Klause. In den Büchern las er viel und fastete vom Morgen bis zum Abend. Schüler waren bei ihm, und er lebte fünfundfünfzig Jahre und sechs Monate in heiligem Wandel, übersetzte die Schrift und blieb bis zum Ende seines Lebens jungfräulich.

Eines Tages saßen Hieronymus und die Brüder gegen Abend zusammen und wollten die Lesung aus der Heiligen Schrift hören, da kam plötzlich ein Löwe hinkend ins Kloster. Die Brüder flohen bei seinem Anblick, aber Hieronymus trat ihm entgegen, als sei er ein Gast. Der Löwe seinerseits streckte ihm seine wunde Pranke zu. Da rief Hieronymus seine Mitbrüder herbei, und sie wuschen dem Tier den Fuß und untersuchten vorsichtig seine Verletzung. Sie fanden, daß die Sohle von Dornen zerstochen war, und pflegten den Löwen gesund. Der legte alle Wildheit ab und wurde zahm wie ein Haustier.

Hieronymus erkannte, daß ihnen der Herr den Löwen nicht allein zur Heilung seiner Pranke, sondern zum Nutzen der Mönche geschickt hatte. Auf Rat der Brüder wurde dem Löwen der Dienst auferlegt, den Esel, den sie besaßen und der ihnen das Holz aus dem Wald trug, auf die Weide zu führen und dort zu bewachen. So geschah es. Der Löwe, dem die Sorge um den Esel anvertraut war, ging wie ein fleißiger Hirte mit ihm täglich auf die Weide und war der beste Wächter, woher immer auch Gefahr drohte. Um selbst sein Futter zu bekommen und damit der Esel seine Arbeit verrichten konnte, trieb er ihn zu gewohnter Stunde heim.

Eines Tages aber, während der Esel graste, war der Löwe tief eingeschlafen. Da kamen Kaufleute auf ihren Kamelen vorbei, sahen den einsamen Esel dort stehen und nahmen ihn heimlich mit. Als der Löwe erwachte und seinen Gefährten nirgends sah, lief er brüllend hin und her, doch konnte er ihn nicht finden. Traurig kehrte er zum Kloster zurück, traute sich aber vor lauter Scham nicht, wie sonst hereinzukommen. Als die Brüder sahen, daß er verspätet und ohne Esel heimkam, glaubten sie, er sei hungrig gewesen und habe kurzerhand den Esel gefressen. Darum wollten sie ihm sein gewohntes Futter nicht geben und sagten: »Geh und hol, was noch vom Esel übrig ist, und füll dir deinen gefräßigen Bauch.«

Dennoch zweifelten die Brüder auch, ob der Löwe die Untat wirklich begangen habe, und liefen auf die Weide hinaus, um Spuren des Mordes zu finden. Aber da war nichts, und so kehrten sie zu Hieronymus zurück und berichteten ihm davon. Auf seinen Rat hin sollte nun der Löwe die Arbeit des Esels tun, und sie luden ihm das Holz auf, das sie fällten. Der Löwe nahm das geduldig hin. Eines Tages aber lief er nach der Arbeit wieder aufs Feld hinaus und streunte dort hin und her, als ob er noch einmal schauen wollte, was mit seinem Gefährten geschehen sei. Und wirklich, er sah von ferne Händler mit beladenen Kamelen näher kommen – und der Esel ihnen voran. Es ist nämlich üblich in jener Gegend, daß die Kamele, wenn sie länger unterwegs sind, an einem Strick um den Hals einem Esel hinterherlaufen, damit sie den Weg besser einhalten.

Als der Löwe seinen Esel erkannte, stürzte er mit lautem Gebrüll los und jagte die Händler alle in die Flucht. Er fauchte und peitschte mit dem Schweif auf den Boden, und so trieb er nun die erschrockenen Kamele mitsamt ihrer Last vor sich her ins Kloster. Als die Mönche das sahen und Hieronymus mitteilten, sprach er: »Liebste Brüder, wascht diesen unseren Gästen die Füße, bereitet ihnen Speisen und wartet den Willen des Herrn ab.«

Der Löwe aber begann, wie früher, munter durchs Kloster zu laufen. Einzelnen Brüdern warf er sich vor die Füße und wedelte mit dem Schweif, als ob er für einen Fehltritt um Verzeihung betteln würde, den er doch gar nicht begangen hatte. Hieronymus aber, der voraussah, was kommen würde, sagte zu den Brüdern: »Geht, Brüder, und bereitet auch den Gästen, die noch kommen werden, das Nötige vor.«

Noch als er redete, kam ein Bote und meldete, daß Gäste vor der Tür stünden, die den Abt sprechen wollten. Hieronymus trat zu ihnen heraus, und sie fielen vor ihm nieder und baten um Vergebung für ihre Schuld. Da hob er sie freundlich auf und sprach, sie sollten das Ihre wieder nehmen und nicht mehr nach fremdem Gut greifen. Die Händler baten nun Hieronymus um seinen Segen und wollten dafür die Hälfte ihres Öls dalassen. Widerwillig nur gab er seine Zustimmung, aber ließ sich doch bereden, das Angebot anzunehmen. Die Händler versprachen, den Brüdern jährlich dieselbe Menge Öl zu schenken und ihren Erben vorzuschreiben, auch so zu tun.

Da aber jeder einst in der Kirche sang, was er wollte, bat Kaiser Theodosius den Papst Damian, einen Gelehrten zu beauftragen, den Gottesdienst der Kirche zu ordnen. Weil der Papst wußte, daß Hieronymus die lateinische, griechische und hebräische Sprache glänzend beherrschte und zudem in allen Wissenschaften bewandert war, übertrug er ihm diese Aufgabe.

Hieronymus teilte nun den Psalter auf die verschiedenen Wochentage auf, ordnete jedem Tag eine Nokturn zu und legte fest, daß am Ende jedes Psalms ein *Gloria patri* zu singen sei. Das schreibt Siegbert. Danach ordnete er die Episteln und Evangelien, wie sie über das Jahr vorzulesen seien, und alle anderen Gesänge in einer einleuchtenden Form. Diesen Plan sandte er von Bethlehem aus dem Papst, dieser bestätigte ihn feierlich mit seinen Kardinälen und erklärte ihn für alle Zeiten gültig.

Danach ließ sich Hieronymus im Eingang der Grotte, wo der Herr in der Krippe gelegen hatte, ein Grabmal bauen. Dort wurde er im Alter von achtundneunzig Jahren und sechs Monaten beigesetzt.

VOM HEILIGEN LEONHARD
(15. OKTOBER)

Von der Herkunft des Namens. Leonhard bedeutet Duft des Volkes, von *leos*, Volk, und *nardus*, dem duftenden Kraut, denn durch den Duft seines guten Rufes zog er das Volk zu sich. Oder Leonhard heißt *legens ardua*, das Schwierige herauslesend.

Oder Leonhard kommt von Löwe. Der Löwe hat nämlich vier Eigenschaften:

Erstens besitzt er Tapferkeit. Diese Tapferkeit hat er, wie Isidor schreibt, in der Brust und im Kopf. So hatte der heilige Leonhard Tapferkeit in der Brust durch die Unterdrückung schlechter Gedanken und im Kopf durch die unermüdliche Kontemplation der höheren Welt.

Zweitens besitzt er Klugheit, und das in zweierlei Hinsicht: Er hält die Augen offen, wenn er schläft. Er verwischt seine Spuren, wenn er flieht. So wachte Leonhard durch sein unermüdliches Tätigsein, und wachend schlief er dank der Ruhe der Kontemplation. Er tilgte die Spuren aller weltlichen Zuneigung in sich.

Drittens besitzt der Löwe Wunderkraft der Stimme. Denn ein totgeborenes Junges erweckt er am dritten Tag durch sein Brüllen, und das läßt jedes Tier still verharren. So hat Leonhard viele, die in ihren Sünden tot waren, zum Leben erweckt und andere, die viehisch gelebt hatten, im Guten festgehalten.

Viertens hat der Löwe Furcht im Herzen. Denn, wie Isidor schreibt, fürchtet er zweierlei, den Lärm von Rädern und das lodernde Feuer. So hatte Leonhard Furcht vor dem lärmenden Weltgetriebe, mied es scheu und floh in die Wüste. Er fürchtete das Feuer der irdischen Begierden, und so verschmähte er alle Schätze, die man ihm bot.

Leonhard soll um das Jahr 500 gelebt haben. Vom heiligen Remigius, dem Erzbischof von Reims, wurde er aus der Taufe gehoben und von diesem unterrichtet in den heiligen Disziplinen. Seine Eltern gehörten zu den Obersten am fränkischen Hof. Leonhard selbst stand beim König in solcher Gunst, daß alle Gefangenen, die er besuchte, unverzüglich freigelassen wurden.
Da der Ruf seiner Heiligkeit wuchs, hielt ihn der König an, so lange bei ihm zu bleiben, bis er ihm irgendwann ein Bistum übergeben könnte. Doch Leonhard verschmähte das, und da er sich nach Einsamkeit sehnte, verließ er alles und zog mit seinem Bruder Lifard nach Orléans, um dort zu predigen. Nachdem sie hier zusammen in einem Kloster gelebt hatten, entschloß sich Lifard, Einsiedler an der Loire zu werden. Leonhard aber wollte auf Eingebung des Heiligen Geistes nach Aquitanien gehen, um dort zu predigen. Sie küßten sich und schieden voneinander.
Leonhard zog nun predigend umher und tat viele Wunder. Er lebte in einem Wald nahe der Stadt Limoges, wo sich der dortige König ein Jagdschloß erbaut hatte. So geschah es einmal, daß der Fürst auf Jagd ritt, und die Königin war zum Vergnügen mitgekommen. Plötzlich geriet sie in Geburtswehen und darüber in Lebensgefahr. Der König und der ganze Hofstaat schrien laut angesichts ihrer Todesnöte.

Leonhard, der durch den Wald streifte, hörte die Stimmen und lief aus Mitgefühl herbei. Sofort ließ der König den Einsiedler rufen, und so trat Leonhard ein. Der König fragte ihn, wer er sei, und als er vernahm, daß es sich um einen Schüler des heiligen Remigius handelte, schöpfte er Hoffnung, denn er glaubte, dieser Meister habe ihn sicher gut unterrichtet. Er führte Leonhard zur Königin und bat ihn, daß er ihm durch sein Gebet eine doppelte Freude bereiten möge: die Rettung der Gattin und die Geburt eines Nachkommen. So betete Leonhard – und das Gewünschte geschah.

Als der König ihm zum Dank Silber und Gold anbot, lehnt es Leonhard entschieden ab, riet ihm aber, die angebotenen Schätze statt dessen den Armen zu geben, und sagte: »Ich bedarf dessen nicht. Ich möchte nur unbehelligt in diesem Wald leben, allein mit Christus und in dessen Dienst, fern aller Reichtümer der Welt.« Daraufhin wollte ihm der König den ganzen Wald schenken, aber Leonhard sagte: »Ich nehme nicht den ganzen Wald. Nur so viel, wie ich in einer Nacht mit meinem Esel umreiten kann, will ich annehmen.« Dies gewährte ihm der König gern.

Leonhard errichtete dort ein Kloster und lebte in größter Enthaltsamkeit mit zwei Mönchen zusammen, die zu ihm gezogen waren. Da es nur in einer Meile Entfernung Wasser gab, ließ er bei dem Kloster einen tiefen Brunnen graben, der aber völlig trocken blieb. Mit seinen Gebeten füllte Leonhard ihn mit Wasser und nannte den Ort Noblat, weil er ihm von einem noblen König geschenkt worden war. Hier wirkte er viele Wunder, und wann immer jemand im Ker-

ker saß und seinen Namen anrief, dem zerrissen die Ketten, und er ging frei davon und kam und brachte Leonhard seine Fesseln und Fußangeln.
Viele der Befreiten blieben bei dem Heiligen und dienten dem Herrn. Sieben Familien, die aus demselben vornehmen Geschlecht wie Leonhard stammten, verkauften alles und kamen zu ihm und lebten auch bei ihm. Leonhard teilte jedem ein Waldstück zu, und durch ihr Beispiel zogen sie viele andere an. Schließlich ging Leonhard, durch seine Tugenden berühmt, am sechsten November selig ein zum Herrn.

Der Baron von Limoges hatte zur Abschreckung der Verbrecher eine unerhört schwere Kette schmieden lassen, und diese hing an einem Pfeiler des Turms. Wem diese Kette um den Hals gelegt wurde, war allen Wettern ausgesetzt und stand nicht nur eine, sondern tausend Todesängste aus.
Nun geschah es, daß ein Knecht des heiligen Leonhard unschuldig an jene Kette gelegt wurde. Als er schon seinem letzten Atemzug nahe war, flehte er im Innern, so gut er es noch vermochte, den heiligen Leonhard an. Wenn er andere befreien könne, so möge er auch seinem Diener zu Hilfe kommen. Sogleich erschien ihm der heilige Leonhard in einem weißen Gewand und sagte: »Fürchte dich nicht, denn du wirst nicht sterben. Steh auf, nimm diese Kette und trage sie in meine Kirche. Folge mir, ich will dir vorangehen.«
Er stand auf, hob die Kette und folgte dem heiligen Leonhard, der ihm voranging bis zur Kirche. Als er vor dem Portal stand, verließ ihn der Heilige. Der Knecht aber betrat die Kirche, erzählte allen, was der heilige Leonhard für ihn

getan hatte, und hängte die gewaltige Kette vor dem Grab des Heiligen auf.

Ein Mann, der in Saint-Léonard-de-Noblat wohnte und dem Heiligen treu ergeben war, wurde von einem Tyrannen gefangen. Der dachte bei sich: »Dieser Leonhard macht alle Gefangenen frei, und die Kraft des Eisens schmilzt vor ihm wie Wachs im Feuer. Wenn ich den Mann nur mit Ketten fessele, kommt Leonhard gleich und befreit ihn. Gelänge es mir aber, ihn festzuhalten, könnte ich für ihn tausend Dukaten Lösegeld erpressen. Ich weiß, was zu tun ist: In meinem Turm schachte ich eine tiefe Höhle aus, lasse den Mann mit Ketten beschwert hinab, über der Grube errichte ich eine hölzerne Hütte und lasse dort bewaffnete Ritter schlafen. Mag Leonhard Eisen brechen, unter die Erde ist er noch nicht gedrungen.«
Seinen Plan führte er aus. Doch der Gefangene rief wieder und wieder den heiligen Leonhard an. Da kam er in der Nacht. Er warf die Hütte um, in der die Ritter schliefen, und sie lagen wie Tote in einem Sarg darin. Dann betrat er in einem hellen Lichtschein die Grube, nahm seinen Getreuen an die Hand und sagte: »Schläfst du? Bist du wach? Ich bin Leonhard, den du gerufen hast.« Jener aber sprach erschrokken: »Hilf mir, Herr!« Sogleich zerbrachen die Ketten, und Leonhard hob ihn auf und trug ihn auf seinen eigenen Armen aus dem Turm. Dann redeten sie miteinander wie ein Freund mit einem Freund, und Leonhard führte ihn in sein Dorf und sein Haus zurück.

VOM HEILIGEN ABT AGATHON (21. OKTOBER)

Drei Jahr lang trug der Abt Agathon einen Stein im Mund, bis er gelernt hatte zu schweigen.
Ein anderer Bruder sagte sich, als er ins Kloster eintrat: »Du und der Esel sind eins. Wie der Esel Schläge erfährt und nichts sagt, Unrecht erleidet und nichts entgegnet, so nun auch du.«

Als man Agathon fragte, welche Tugend die größte Mühe bereite, sagte er: »Ich glaube, es gibt keine mühevollere Arbeit, als zu Gott zu beten. Denn die bösen Feinde versuchen unentwegt, das Gebet zu stören. Bei allen anderen Arbeiten hat der Mensch ein wenig Ruhe, der Betende aber hat eine Aufgabe, die ein großer Kampf ist.«

Als Agathon von einem Mönch gefragt wurde, wie er mit seinen Brüdern leben solle, sagte er: »Wie am ersten Tag. Und hab keine Vertraulichkeit. Es gibt kein schlimmeres Leiden als Vertraulichkeit, sie ist die Mutter aller Leiden.«

Agathon sagte ferner: »Ein Zorniger ist weder Gott noch Menschen angenehm um seines Zornes willen, auch wenn er Tote auferweckte.«
Ein aufbrausender Mensch sagte zu sich: »Lebte ich allein, würde ich mich nicht so leicht zum Zorn bewegen lassen.« Eines Tages füllte er einen Krug mit Wasser, und der fiel um. Er füllte ihn ein zweites Mal, und er fiel um. Er füllte ihn ein drittes Mal, und er fiel wieder um. Da zerschlug er vor Ärger

das Gefäß. Als er sich beruhigt hatte, bemerkte er, wie ihn der Dämon des Zorns wieder überlistet hatte, und er sagte sich: »Ich bin allein, und dennoch hat mich der Zorn besiegt. Ich will zu meinen Brüdern zurückkehren, denn überall gibt es Mühsal, und überall braucht es Geduld und Gottes Hilfe.« Zwei Brüder dagegen, die viele Jahre zusammenlebten, ließen sich nie zum Zorn verleiten. Einmal sagte einer zum andern: »Machen wir doch einen Streit, wie ihn alle Menschen machen.« Der andere antwortete: »Ich weiß nicht, wie man einen Streit macht.« Das sagte der Bruder: »Ich lege einen Ziegelstein zwischen uns hin und sage: ›Das ist meiner‹, und du entgegnest: ›Nein, er gehört mir.‹ So fängt man Streit an.« Sie legten also den Ziegelstein in die Mitte, und der eine sagte: »Das ist meiner.« Der andere antwortete: »Nein, der ist mir.« Der erste erwiderte: »Gut, dann ist er dein. Nimm ihn mit.« Und sie trennten sich und konnten nicht miteinander streiten.

Im Sterben blieb Abt Agathon drei Tage reglos mit offenen Augen liegen. Als ihn seine Brüder rüttelten, sagte er: »Ich stehe in Erwartung des göttlichen Gerichts.« Sie sagten: »Auch du fürchtest dich?« Er erwiderte: »So gut ich es vermochte, habe ich mich bemüht, Gottes Gebote zu halten. Aber ich bin ein Mensch und weiß nicht, ob Gott meine Werke gefallen haben.« Und sie: »Du vertraust nicht deinen Werken, daß sie nach dem Willen Gottes waren?« Und er: »Das kann ich nicht, bis ich vor ihm stehe. Denn anders sind die Urteile Gottes als die Urteile des Menschen.« Als sie ihn weiter fragen wollten, sagt er: »Erweist mir die Liebe und redet nicht mehr mit mir, denn ich bin beschäftigt.« Und sogleich, als er das sagte, gab er seinen Geist auf. Sie sahen ihn nämlich seinen Geist sammeln wie einer, der seine liebsten Freunde begrüßt. Das steht im *Buch der Väter*.

ALLERHEILIGEN (1. NOVEMBER)

Als die Römer über den ganzen Erdkreis herrschten, bauten sie einen riesigen Tempel und stellten mitten darin ihren Abgott auf, umgeben von den Statuen aller Provinzen, so daß diese mit ihren Gesichtern geradehin zum Götzen Roms schauten. Wenn eine der Provinzen aufrührerisch wurde, so wendete deren Götterstatue, wie erzählt wird, durch teuflische Kunst dem Götzenbild der Römer den Rücken zu. So wies sie darauf hin, daß sie sich von Roms Herrschaft abgewandt hatte.

Sofort schickten die Römer dann ein großes Heer in jene Provinz und unterwarfen sie wieder ihrer Herrschaft. Doch reichte es den Römern nicht, daß sie Götzenbilder aller Provinzen in ihrer Stadt hatten, nein, sie bauten bald jeder Gottheit noch einen eigenen Tempel, als hätten diese sie zu Siegern und Herren über deren Länder gemacht. Weil aber nicht jeder Götze einen eigenen Tempel in der Stadt haben konnte, errichteten sie, ein Zeugnis ihres Wahns, einen Tempel zur Ehre aller Götter, größer und wundersamer als alle bisherigen, den nannten sie *Pantheon*, was »alle Götter« heißt, von *pan*, alle, und *theos*, Gott.

Die Götzenpriester gaben zur Täuschung der Römer vor, daß ihnen Kybele, die sie die Mutter aller Götter nannten, befohlen habe, allen ihren Söhnen einen prächtigen Tempel zu errichten, wenn sie denn alle Völker besiegen wollten.

Das Fundament des Tempels legte man als Kreis an, um die Ewigkeit der Götter in dieser Form zu erweisen. Doch weil die Kuppel so weit gespannt war, daß man sie nicht mehr abstützen konnte, als man beim Mauern einigermaßen hoch über den Erdboden hinausgekommen war, füllte man ihr ganzes Inneres mit Erde auf, wobei man, wie es heißt, Denare hineinwarf, und so machte man es, bis der Tempel wunderbar vollendet war. Dann erlaubte man jedem, der Erde abtransportieren wollte, alles Gold, das er in dieser Erde finden würde, zu behalten. Da liefen die Leute in Scharen herbei und leerten den Tempel.

Schließlich fertigten die Römer einen Pinienzapfen aus vergoldeter Bronze und setzten ihn zuoberst auf die Kuppel. Man sagt auch, daß darauf alle Provinzen als Skulpturen abgebildet waren, und jeder, der nach Rom kam, konnte so erkennen, in welcher Himmelsrichtung sein Land liege. Indes fiel der Zapfen irgendwann herunter, und ein Loch blieb zuoberst in der Kuppel des besagten Tempels zurück.

Zur Zeit des Kaisers Phokas, als Rom schon lange den Glauben des Herrn übernommen hatte, erhielt Papst Bonifatius, der vierte nach Gregor dem Großen, um das Jahr 605 den Tempel geschenkt. Er säuberte ihn vom Schmutz der Götzenbilder und weihte ihn am zwölften Mai zu Ehren der heiligen Maria und aller Märtyrer und nannte den Ort Santa Maria ad martyres, doch wird er jetzt Santa Maria Rotonda genannt.

Die Feste der einzelnen Bekenner wurden damals von der Kirche noch nicht gefeiert. Deshalb strömte zu diesem einen Festtag aller Märtyrer eine riesige Menschenmasse zusammen, und viele konnten aus Mangel an Lebensmitteln nicht daran teilnehmen. Ein späterer Papst Gregor legte darum das Fest auf den ersten November, wenn der Vorrat an Nahrung sehr groß ist, weil gerade die Ernte und Weinlese vorbei sind. Er ordnete an, daß dieser Tag zu Ehren aller Heiligen in der ganzen Welt feierlich zu begehen sei. So wurde der Tempel, der einst für alle Götzen errichtet wurde, nun allen Heiligen geweiht, und wo einst die Menge der Abgötter verehrt wurde, da wird jetzt die Schar der Heiligen gepriesen.

VOM HEILIGEN MARTIN (11. NOVEMBER)

Martin stammte aus der Stadt Savaria in Pannonien, wuchs aber in Pavia in Italien bei seinem Vater auf, der Militärtribun war unter Konstantius und Caesar Julian – doch war er das nicht aus eigenem Wunsch, vielmehr war er seit Kindertagen göttlich erleuchtet. Mit zwölf Jahren hatte er gegen den Willen seiner Eltern Zuflucht bei der Kirche gesucht, hatte darum gebeten, Katechumene zu werden, und wäre danach in die Wüste gegangen, wenn nicht seine körperliche Schwäche ihn daran gehindert hätte.

Die Kaiser erließen nun das Dekret, daß die Söhne der Veteranen anstelle ihrer Väter Kriegsdienst zu leisten hätten, und so wurde Martin mit fünfzehn Jahren ins Heer gezwungen. Er gab sich dort mit einem einzigen Diener zufrieden, war diesem sogar selbst oft zu Diensten, zog ihm etwa öfter die Schuhe aus und reinigte sie.

Als er einmal im Winter in Amiens durch das Stadttor trat, war dort ein nackter Bettler, der noch von niemandem ein Almosen bekommen hatte. Martin verstand, daß von ihm die Hilfe kommen sollte. Er zog sein Schwert, nahm den Mantel, den er sich übergeworfen hatte, und schnitt ihn entzwei. Einen Teil gab er dem Bettler und zog den Rest wieder an.

In der folgenden Nacht schaute er Christus, der von Engel umringt und in den Teil des Mantels gehüllt war, den Martin dem Bettler gegeben hatte, und er hörte ihn sprechen: »Martin, der noch nicht getauft ist, hat mich mit diesem Kleid bedeckt.« Doch wurde der Heilige nicht stolz, sondern erkannte die Güte Gottes, ließ sich, als er achtzehn Jahre alt wurde, taufen, leistete aber auf Drängen des Tribuns noch zwei weitere Jahre Dienst.

Inzwischen brachen die Barbaren ins gallische Land ein. Caesar Julian, der gegen sie Krieg führen wollte, teilte reichlich Geld unter den Soldaten aus. Martin aber wies das Geschenk zurück, denn er wollte keinen Kriegsdienst mehr leisten. Er sagte zum Caesar: »Ich bin ein Soldat Christi, ich darf nicht kämpfen.« Julian erboste das, und er entgegnete, Martin lehne den Dienst doch nur deshalb ab, weil er zu feige sei für die kommende Schlacht.
Unerschrocken antwortete ihm Martin: »Wenn du das der Angst, nicht dem Glauben zuschreibst, will ich morgen unbewaffnet vor das Heer treten, im Namen Christi und unter dem Zeichen des Kreuzes. Ohne Helm und Schild werde ich furchtlos in die Reihen der Feinde dringen.« Da ließ ihn Julian bewachen, daß er wirklich unbewaffnet, wie er gesagt hatte, den Barbaren gegenüberträte. Am folgenden Tag sandten die Feinde Boten, ergaben sich und überließen ihre ganze Habe dem Kaiser. Es ist kein Zweifel, daß dieser unblutige Sieg um der Verdienste des Heiligen willen gewährt wurde.

Martin verließ das Heer und begab sich zum heiligen Hilarius, dem Bischof von Poitiers, und wurde dort zum Akolythen geweiht. Damals ermahnte ihn der Herr im Schlaf, er solle seine noch immer heidnischen Eltern besuchen. Martin brach auf, doch zuvor sagte ihm der Herr viele Widrigkeiten voraus, die er zu erleiden habe. In der Tat fiel er in den Alpen

Räubern in die Hände. Einer schwang schon das Beil über Martins Kopf, da sprang ein anderer noch dazwischen. Sie banden Martin die Hände auf den Rücken, und einer wurde bestimmt, ihn zu bewachen. Dieser Räuber fragte Martin, ob er eben Angst gehabt habe. Martin antworte ihm, daß er noch nie so sorglos gewesen sei wie gerade jetzt. Denn er wisse, daß Gottes Barmherzigkeit in der Gefahr am nächsten sei. Und er begann, dem Räuber zu predigen, und bekehrte ihn dort zum Glauben an Christus. Daraufhin brachte dieser Martin zurück auf die Straße und führte danach ein Leben in guten Werken.

Als Martin an Mailand vorbeikam, begegnete ihm der Teufel in menschlicher Gestalt und fragte, wohin er wolle. Als er ihm antwortete, er wolle dahin, wohin Gott ihn rufe, erwiderte jener: »Du kannst gehen, wohin du willst. Der Teufel wird dir immer im Weg stehen.« Martin gab ihm zur Antwort: »Der Herr ist mein Helfer, darum fürchte ich mich nicht. Was können mir Menschen tun?« Sogleich verschwand der Teufel. Martin bekehrte daheim seine Mutter, aber sein Vater verharrte im Irrtum.

Das Volk von Tours war ohne Bischof und wollte Martin, der sich doch heftig wehrte, in das Amt einsetzen. Einige der Bischöfe waren auch sehr dagegen, weil Martin eine garstige Gestalt, dazu ein häßliches Gesicht hatte. Vor allem einer tat sich hervor, der den Namen Defensor, der Verteidiger, trug. Als sich einmal kein Lektor fand und irgendeiner den Psalter nahm und den erstbesten Psalm vorlas, den er fand, hörte man den Vers: »Aus dem Munde der jungen Kinder und

Säuglinge hast du dir, Gott, zum Lob eine Macht zugerichtet, daß du vertilgest den Feind und Verteidiger.« So wurde der Verteidiger, der Defensor, vor allen bloßgestellt.
Martin wurde zum Bischof geweiht, doch weil er den Tumult und die Geschäftigkeit des Volkes nicht ertrug, baute er sich etwa zwei Meilen außerhalb der Stadt ein Kloster. Dort lebte er mit achtzig Schülern in strenger Askese. Niemand bekam dort Wein zu trinken, wenn nicht eine Krankheit es nötig machte. Ein weiches Gewand galt als Verbrechen. Mehrere Städte wählten von dort ihren Bischof.

Jemand wurde als Märtyrer verehrt, und Martin konnte gar nichts über dessen Leben und dessen Tun erfahren. Da stellte er sich eines Tages auf dessen Grab und betete zum Herrn, der möge ihm kundtun, wer dieser Heilige gewesen sei und was er für ein Verdienst erworben habe. Er wendete sich zur Linken und sah einen rabenschwarzen Schatten, und da Martin ihn beschwor, raunte dieser: Ich bin ein Räuber gewesen und wegen eines Verbrechens erstochen worden. Sogleich ordnete Martin an, daß der Altar am Grab zerstört würde.

Im *Dialogus* des Severus und des Gallus, beide Schüler des heiligen Martin, wo vieles ergänzt ist, was in der Lebensbeschreibung des Severus weggelassen wurde, kann man lesen, wie Martin einmal den Kaiser Valentinian wegen einer dringlichen Sache aufsuchte. Der Kaiser wußte, worum Martin ihn bitten würde, wollte ihm dies aber keinesfalls gewähren, und so ließ er die Tore des Palastes vor ihm schließen. Als der Heilige mehrfach zurückgewiesen wurde, legte er ein Büßergewand an, streute Asche auf seinen Kopf und kasteite sich, indem er eine Woche lang weder aß noch trank. Dann ging er auf Geheiß eines Engels noch einmal zum Palast und gelangte wundersamerweise bis vor den Kaiser, ohne daß ihn jemand daran hinderte. Der Kaiser sah Martin kommen, wurde zornig, daß man ihn vorgelassen hatte, und wollte in seinem Ärger nicht vor ihm aufstehen. In diesem Augenblick erfaßte ein Feuer den Thron und verbrannte dem Kaiser den Hintern. Wütend sprang er auf, bekannte jedoch dem Heiligen, daß er soeben Gottes Macht gespürt habe, umarmte ihn mehrmals und gewährte ihm alles. Er bot auch Geschenke an, die Martin aber abwies.

Martin war von großer Demut. Als er in Paris einem Aussätzigen begegnete, der von allen verabscheut wurde, küßte er ihn, segnete ihn und heilte ihn sogleich.
Wenn er in der Sakristei Audienz hielt, nutzte er niemals den Bischofsstuhl. In der Kirche sah man ihn ohnehin nie sitzen, und wenn, dann auf einem Bauernhocker, Dreibein genannt.

Martin war von großer Gerechtigkeit. Als ihn einmal Kaiser Maximus eingeladen hatte und ihm als erstem den Becher reichte, erwarteten alle, er werde danach dem Kaiser die Ehre und den Kelch geben, doch er bot ihn seinem Presbyter. Denn niemanden hielt er für würdiger, nach ihm zu trinken, und er hätte es als unbotmäßig empfunden, einen anderen, sei es auch der Kaiser oder einer seiner besten Freunde, diesem vorzuziehen.

Martin war von großer Strenge gegen sich selbst. Severus berichtet nämlich in einem Brief an Eusebius, wie Martin in eine seiner Gemeinden gekommen sei und die Kleriker ihm mit viel Stroh eine Bettstatt bereitet hätten. Als Martin sich dort schlafen legte, störte ihn das ungewohnt weiche Lager sehr, denn er pflegte auf der nackten Erde zu schlafen, nur mit einer härenen Decke über sich. Ungehalten über die Priester, warf er alles Stroh hinaus und richtete sich auf dem bloßen Erdboden ein. Doch gegen Mitternacht entzündete sich das Stroh, und Martin wachte auf. Vergeblich versuchte er, dem Feuer zu entkommen, wurde von den Flammen eingeschlossen, und seine Kleider begannen bereits zu brennen. Da flüchtete er sich ins Gebet, schlug das Zeichen des Kreuzes und blieb unversehrt inmitten des Feuers. Hatte ihn dieses eben noch bedrängt, so spürte er es jetzt wie kühlenden Tau. Die anderen Mönche, nun ebenfalls erwacht, liefen herbei und holten Martin, den sie schon erstickt glaubten, unverletzt aus dem Flammenmeer.

Martin besaß großen Scharfsinn im Erkennen von Dämonen. [...] Einst erschien ihm der Teufel in Gestalt eines Königs in einem Purpurmantel und mit einer Krone und in goldenen Stiefeln. Der lächelte und war freundlich, und sie schwiegen eine Weile. Dann sagte der Teufel: »Erkenne den, den du verehrst! Ich bin es, Christus, der auf die Erde wiederkommen will und sich dir zuvor zeigt.« Als Martin noch immer schwieg, hob er noch einmal an und sagte: »Martin, warum zweifelst du? Siehst du mich nicht? Ich bin Christus.« Darauf sprach Martin, vom Heiligen Geist belehrt: »Der Herr

Jesus Christus sagte nicht, er wolle in Purpur und strahlender Krone erscheinen. Nur dann kann ich glauben, daß es wirklich Christus ist, wenn ich ihn in der Gestalt sehe, in der er gelitten hat, mit den Wundmalen der Kreuzigung.« Bei diesen Worten verschwand der Teufel, und die Zelle stand voll Gestank.

Martin wußte lange vorher, wann er sterben würde, und sagte dies auch seinen Brüdern. Zu dieser Zeit besuchte er das Bistum Candes, um dort einen Streit zu schlichten. Unterwegs sah er, wie Reiher an einem Fluß den Fischen auflauerten und einen nach dem anderen schnappten. Da sagte er: »So machen es die Dämonen. Sie lauern den Unvorsichtigen auf, packen die Ahnungslosen, fressen die Beute und werden niemals satt davon.« Daraufhin befahl er den Vögeln, den Strom zu verlassen und in einsame Gegenden zu fliegen, und sie stiegen im Schwarm auf und zogen über die Berge und Wälder.

Er verweilte in dem Bistum, seine Körperkräfte schwanden, und er gab seinen Schülern zu erkennen, daß sein Ende nahe sei. Sie alle weinten und flehten: »Warum verläßt du uns, Vater? Wem läßt du uns als Waisen zurück? Über deine Herde werden reißende Wölfe herfallen.« Da ließ Martin sich von ihren Tränen bewegen, weinte selbst und betete: »Herr, wenn dein Volk mich noch braucht, nehme ich die Mühe auf mich. Dein Wille geschehe.« Er war nämlich selbst im Zweifel, was er lieber wollte: noch bei den Seinen bleiben oder doch nicht länger von Christus geschieden zu sein.

Als er von Fieber geschüttelt wurde, baten ihn seine Schüler, daß sie ihm etwas weiches Stroh ins Bett legen dürften, wo er in Sack und Asche lag. Martin sagte: »Es gehört sich nicht, Kinder, daß ein Christ anders stirbt als in Sack und Asche. Würde ich euch ein anderes Beispiel geben, versündigte ich mich.«

Augen und Hände stets zum Himmel gerichtet, betete er unablässig. Da er dabei immer auf dem Rücken lag, baten ihn die Priester, daß er seinem Leib Linderung verschaffen möge, indem er sich auf die Seite legen lasse. Martin aber sagte: »Laßt mich, Brüder! Laßt mich lieber den Himmel als die Erde sehen, damit sich der Geist ausrichte auf den Herrn.« Und noch während er das sagte, erblickte er den Teufel, wie er zu ihm trat. Martin sprach: »Was machst du hier? Blutrünstiges Tier? Du wirst nichts Verderbliches an mir finden. Abrahams Schoß wird mich bergen.« Und mit diesen Worten gab er seinen Geist auf. Das geschah unter Arkadius und Honorius, die um das Jahr 398 an die Herrschaft kamen. Sein Gesicht leuchtete wie verklärt, und viele hörten den Chor der Engel singen.

VON DER HEILIGEN ELISABETH (19. NOVEMBER)

Elisabeth wurde mit dem Landgrafen von Thüringen verheiratet, in fürstlicher Pracht, ihrer Herkunft entsprechend und nach göttlicher Vorsehung, sollte sie doch viele zur Liebe Gottes führen und unwissende Menschen lehren. Obwohl sie ihren Stand wechselte, änderte sich ihr geistlicher Vorsatz nicht. Groß waren ihre Andacht und Demut gegenüber Gott, groß ihre Strenge und Enthaltsamkeit gegen sich selbst, und groß waren auch ihre Milde und Barmherzigkeit gegenüber den Armen – das geht aus dem, was hier nun folgen soll, deutlich hervor.

Denn im Gebet war sie so voller Feuer, daß sie ihren Dienerinnen mit schnellen Schritten zur Kirche vorauseilte, als wolle sie mit heimlichen Gebeten eine besondere Gnade von Gott bewirken. In der Nacht stand sie oft zum Gebet auf, obwohl ihr Mann sie immer wieder bat, sich zu schonen und dem Leib etwas Ruhe zu gönnen. Mit einer Dienerin, mit der sie vor allen anderen vertraut war, hatte sie folgendes vereinbart: Wenn sie zu tief schlafe und nicht aufwache, solle diese an ihren Fuß rühren und sie zum Gebet wecken. Einmal meinte diese den Fuß der Herrin zu ertasten und faßte doch den des Ehemannes. Dieser erwachte, verstand sofort, was los war, nahm es geduldig hin und hielt still. Um in ihren Gebeten Gott ein reiches Opfer zu bringen, begoß sie diese mit vielen Tränen. Doch weinte sie voll Freude und ohne Verzerrung des Gesichts. Sie weinte im Schmerz und freute sich an den Schmerzen, und ihr Gesicht wurde immer schöner in solcherart Fröhlichkeit.

Sie erniedrigte sich in Demut und wies in der Liebe zu Gott schmutzige und einfachste Arbeiten nicht ab, sondern verrichtete sie mit großer Andacht. Einen Kranken mit entstelltem Gesicht, dessen Kopf erbärmlich stank, drückte sie an ihre Brust, schor ihm das dreckige Haar und wusch ihm unter dem Gelächter ihrer Dienerinnen den Kopf.

Im Wochenbett nach einer jeden Geburt schmückte sie sich nicht wie andere Frauen mit Edelsteinen und golddurchwirkten Gewändern, sondern trug nach dem Vorbild der unbefleckten Mutter ihr Kind auf den eigenen Armen zum Altar, zusammen mit einem Lamm und einer Kerze, und brachte es demütig dar. So zeigte sie, wie weltlicher Prunk zu verachten sei und wie sie sich der reinen Gottesmutter anglich. Dann kehrte sie nach Hause zurück und schenkte die Kleider, in denen sie zur Kirche gegangen war, einer armen Frau.

Um ihre Demut noch weiter kundzutun, sei hinzugefügt, daß sie sich trotz ihrer herrschaftlichen Freiheit und Würde einem Mann unterwarf, der nur ein armer Bettler war, doch groß an Weisheit und Frömmigkeit – dem Meister Konrad. Dies geschah mit Zustimmung ihres Gemahls und unter Wahrung des Rechts der Ehe. Alles, was ihr Meister Konrad vorschrieb, erfüllte sie mit großer Freude und Ehrfurcht, denn sie wollte den Lohn des Gehorsams erlangen und das Beispiel des Herrn, des Erlösers nachahmen, der gehorsam war bis in den Tod.

Die heilige Elisabeth wünschte sich sehr, daß ihr Mann mit Waffengewalt für die Verteidigung des Glaubens kämpfen sollte, und brachte ihn mit Ermahnungen dazu, als Kreuzfahrer ins Heilige Land zu ziehen. Als aber der Landgraf, der fromme, treue und berühmte Fürst, dort war, gab er seinen Geist auf und empfing die glorreiche Frucht seiner Werke. So trat Elisabeth in den Witwenstand, auch dies in frommer Hingabe, damit ihr nicht der Lohn der Enthaltsamkeit als Witwe verlorengehe und sie sechzigfache Frucht empfange – denn sie hielt gleichzeitig die Zehn Gebote und übte die sechs Werke der Barmherzigkeit.

Als sich die Nachricht vom Tod ihres Mannes in ganz Thüringen verbreitete, wurde sie von einigen Vasallen beschuldigt, das fürstliche Gut zu verschwenden und zu verschleudern, und man verjagte sie mit Schimpf und Schande. Da leuchtete ihre Geduld um so strahlender auf, und ihr lang gehegter Wunsch nach Armut erfüllte sich. Als die Nacht hereinbrach, fand sie im Haus eines Gastwirts Zuflucht, dort aber, wo die Schweine lagen, und sie dankte Gott dafür. Zur Stunde der Frühmesse begab sie sich zum Haus der Minderbrüder und bat diese, Gott zu danken für das ihr widerfahrene Leid und das *Te deum* zu singen.

Am folgenden Tag ließ man sie mit ihren Kindern ins Haus eines ihrer Neider ziehen, wo man ihr einen sehr kleinen Raum zuwies. Unter Wirt und Wirtin hatte sie viel zu leiden, bis sie von den Wänden Abschied nahm und sagte: »Gern würde ich Menschen Lebwohl sagen, wenn ich unter ihnen Wohlmeinende hätte.« Gezwungenermaßen kehrte sie nun zu ihrer früheren Stätte zurück und gab ihre Kinder weg. Sie sollten an anderen Orten aufgezogen werden.

Einmal lief sie auf einer engen Straße, die voll Schlamm und

Unrat war. Steine waren hineingelegt, über die man gehen konnte. Da kam ihr auf den Steinbrocken eine Alte entgegen, der sie zuvor viel Gutes erwiesen hatte. Die weigerte sich, ihr auszuweichen. Da fiel Elisabeth in den Morast, richtete sich wieder auf und wischte lachend ihr Gewand ab.

Oft hatte sie in ihren Mediationen und Gebeten himmlische Visionen. Eines Tages in den Fastenwochen, als sie in der Kirche war, starrte sie plötzlich unverwandt auf den Altar und verharrte, als würde sie die Gegenwart Gottes sehen, und sie schien getröstet und von Offenbarungen durchströmt. Dann kehrte sie nach Hause zurück, wo sie sich erschöpft in den Schoß ihrer Dienerin schmiegte. Während sie die Augen zum Fenster und zum Himmel hob, zog eine warme Heiterkeit über ihr Gesicht, die sich in ein wundersames Gelächter verwandelte.
Sie schien sich lange an einer himmlischen Erscheinung zu freuen, brach dann plötzlich in Tränen aus, schlug wieder die Augen auf und wurde froh wie zuvor, und als sie wieder die Augen schloß, weinte sie wieder, und so ging es bis zum Nachtgebet, und sie stand in den Tröstungen Gottes. Lange schwieg sie, und kein Wort kam über ihre Lippen, doch da brach es plötzlich aus ihr hervor: »Ja, Herr, du willst bei mir sein und ich bei dir, und niemals mag ich fern von dir sein.«

Oftmals war ihr Gebet ein Feuer, das auch andere brennen ließ. Einst rief sie einen Jüngling zu sich, der überaus schön gekleidet war, und sprach: »Du scheinst mir allzu zügellos zu leben, wo du doch deinem Schöpfer dienen sollst. Willst du nicht, daß ich Gott für dich bitte?« Und er: »Ja, Herrin, das wünsche ich sehr!« Als sie sich im Gebet versenkte und den Jüngling ermahnte, gleichermaßen wie sie auch für sich selbst zu beten, schrie er plötzlich laut auf: »Laßt ab, Herrin, laßt endlich ab vom Gebet!« Als sie aber noch inniger betete, rief der Jüngling noch lauter: »Hört auf, Herrin, ich gehe zugrunde, ich verbrenne!« Er stand in solcher Hitze, daß er am ganzen Leib dampfte und schwitzte, und er schwenkte seine Arme wie ein Rasender. Etliche Leute liefen herbei, um ihn zu halten, und sie fanden seine Kleider triefend von Schweiß, sein Glühen konnten sie aber mit bloßen Händen nicht ertragen. Er schrie unentwegt: »Ich verbrenne, ich gehe zugrunde!« Als aber die heilige Elisabeth ihr Gebet beendete, wich die Hitze von dem Jüngling. Er kam wieder zu sich, von der Gnade Gottes erleuchtet, und trat in den Orden der Minderbrüder ein. So erwies sich die feurige Glut ihrer Gebete, die so stark in ihrer Hitze waren, daß sie sogar einen Kalten brennen ließen. Doch dieser war so sehr im Fleischlichen zu Hause und für das Geistliche noch so unempfänglich, daß er es nicht verstehen konnte.

Obwohl Elisabeth in der Kontemplation nach dem Vorbild Marias zur höchsten Vollkommenheit gelangte, ließ sie vom einfachen Wirken Marthas nicht ab, wie gezeigt wurde an den sechs Werken der Barmherzigkeit. Auch nachdem sie das Nonnenkleid angezogen hatte, tat sie unermüdlich gute Werke. Als sie als Mitgift zweitausend Mark erhielt, gab sie einen Teil den Armen und errichtete vom Rest in Marburg ein großes Krankenhaus. Deshalb sprach man von ihr als Verschwenderin, die all ihren Besitz verschleudere, und man nannte sie eine Närrin. Als sie aber diese Anfeindungen fröhlich ertrug, warf man ihr vor, sie habe sich allzu schnell das Andenken ihres Mannes aus dem Herzen gerissen, wenn sie so heiter sein könne.

Als das Krankenhaus gebaut war, stand sie den Elenden als einfache Magd zu Diensten. Denn sie pflegte die Armen eifrig, badete sie, deckte sie zu und sagte beglückt zu den Mägden: »Wie gut geht es uns, daß wir den Herrn so baden und zudecken dürfen.«

In dieser Hingabe an die Ärmsten war sie so demütig, daß sie einen einäugigen Jungen, der überall von Krätze befallen war, sechsmal in einer Nacht auf ihren Armen hinaus zur Notdurft trug und sein verschmutztes Hemd mit Freuden wusch.

Eine verarmte Frau brachte eine Tochter zur Welt, und die heilige Elisabeth hob das Mädchen aus der Taufe, gab ihm einen Namen und der Mutter alles, was sie brauchte. Den Ärmelbesatz vom Pelzmantel ihrer Dienerin nahm sie ab, und die Mutter wickelte das Kind hinein. Auch schenkte sie der Frau ihre eigenen Schuhe. Drei Wochen später verschwand die Mutter mit ihrem Mann, und sie ließen das Kind zurück. Als die heiligen Elisabeth davon erfuhr, betete sie. Der Mann und die Frau aber konnten von diesem Augenblick an keinen Schritt mehr vorwärts tun, kehrten zurück und baten um Vergebung. Elisabeth schalt sie wegen ihrer Undankbarkeit, übergab ihnen wieder ihre Tochter und sorgte für den nötigen Unterhalt.

Als die Zeit kam, daß der Herr seine Geliebte aus dem Kerker der Welt rufen wollte, damit sie, die das Reich der Sterblichen verachtete, ins Reich der Engel gelange, erschien ihr Christus selbst und sprach: »Komm, Geliebte, in die Wohnung, die dir bereitet ist.« Im Fieber lag sie nieder, hielt ihr Gesicht zu Wand gerichtet, doch die bei ihr waren, hörten plötzlich einen anmutigen Gesang. Eine der Mägde fragte, was das wäre, und Elisabeth antwortete: »Ein Vogel saß zwischen mir und der Wand und sang so schön, daß ich auch singen wollte.«

Im Bistum Mainz verlangte ein Mädchen namens Benigna von ihrer Magd einen Trank, und diese reichte ihr den Becher und sprach verärgert dazu: »Nimm und trink den Teufel!« Da war dem Mädchen, als würde ihr ein brennender Scheit durch die Kehle fahren, so daß sie vor Schmerz im Hals aufschrie. Darauf schwoll ihr Leib an wie bei einer Schwangeren, und man sah in ihrem Bauch und in den Gliedern etwas hin und her laufen. Sie gebärdete sich jämmerlich, stieß wirre Schreie aus und galt seitdem als besessen von einem Dämon. In diesem Zustand blieb sie zwei Jahre. Da brachte man sie zum Grab der heiligen Elisabeth und legte für sie ein Gelübde ab, bettete das Mädchen auf das Grab, und sie war dort wie tot. Doch als man ihr ein Stück Brot zu essen und Weihwasser zu trinken gab, stand sie geheilt auf von dem Grab, zum Erstaunen und zur Verwunderung aller.

ANMERKUNGEN UND ERLÄUTERUNGEN

Nikolaus, Bischof von Myra (gestorben um 350) Von Nikolaus gibt es keine zusammenhängende Vita, die Jacobus de Voragine hätte verwenden können. Sein Kult ist für Myra und Konstantinopel seit dem sechsten Jahrhundert bezeugt. Die dazugehörigen zunächst griechischen Legenden wuchsen disparat und stetig, bis Nikolaus zu einem der wichtigsten Heiligen der Ostkirche und Rußlands avancierte. Die Überführung seiner Gebeine von Myra nach Bari im Jahr 1087 leitet die Hochblüte der Nikolausverehrung im Abendland ein. Im dreizehnten Jahrhundert entstand der bis heute nachwirkende Brauch, den bärtigen Bischof am Vorabend seines Festes den Kindern erscheinen zu lassen. Später verschwamm Nikolaus mit der ihn dabei begleitenden Schreckgestalt des Knechtes Rupprecht – und als Weihnachtsmann oder Väterchen Frost überlebte er so auch die Säkularisierungsschübe der Moderne.

»*Am ersten Tag, an dem er gebadet werden sollte, stand er schon aufrecht im Becken*«: Das erinnert an Hermes oder Herakles, die gleich nach der Geburt ihre übermenschlichen Fähigkeiten zeigten. Auch das Christuskind wird seit dem fünften Jahrhundert öfters stehend im Badezuber dargestellt.

»*Jeden Mittwoch und Freitag wollte er nur einmal an der Brust der Mutter trinken*«: Der Mittwoch und Freitag waren, in Fortführung jüdischer Praxis mit anderer Zählung der Wochentage, schon für die frühen Christen Fastentage.

»*Wenigstens hundert Scheffel pro Schiff*«: Der Scheffel ist ein römisches Getreidemaß von knapp neun Litern.

Makarius (gestorben um 390) Es gab zwei Wüstenmönche dieses Namens, die in den Quellen häufig verwechselt werden: Makarius der Ägypter oder der Ältere und Makarius von Alexandrien. Sie wurden beide um 300 geboren, lebten in der Wüste Sketis, dem abgelegensten Teil der nitrischen Wüste südlich von Alexandrien (heute Wadi Nitrun), und starben hochbetagt um 390. Die Gegend zog viele Einsiedler an. Diese errichteten fensterlose Hütten, die sie allein und abgeschieden bewohnten, dazu gab es gemeinsame größere Baracken für Gottesdienste, Zusammenkünfte und den Empfang von Besuchern.
»*Von der Herkunft des Namens*«: Jacobus stellte in neuplatonischer Manier immer wieder die wirkende Bedeutsamkeit der Namen für ihre Träger heraus. Dabei scheute er nicht die phantasievollsten Umwege über mehrere Sprachen. Hier gibt ein späterer Zusatz die »eigentliche« Namensbedeutung an.

Abt Antonius, der Einsiedler (251-356) Als »Stern der Wüste« und »Vater der Mönche« gehörte er zu den bedeutendsten frühen Anachoreten und prägte das christliche Mönchtum entscheidend. Geboren in Kome, in Mittelägypten, zog er sich nach dem Tod der begüterten Eltern in die Wüste zurück. Als Halt und Korrektiv in der asketischen Einsamkeit gründete er Einsiedlergemeinschaften, die auch Schüler und Gäste hatten, woraus sich später die nach einer Regel lebenden geistlichen Orden bildeten. Er starb im Alter von 105 Jahren. Seine Reliquien liegen in Arles.
Jacobus verwendete die *Vita Antonii*, die Athanasius von Alexandria um 360 verfaßte, eine Art antikes Heldenepos christlicher Färbung und literarisches Vorbild für alle späteren Mönchsviten, dazu die *Apophtegmata Patrum*, eine berühmte Sammlung von Sprüchen der Wüstenväter. Die im Abendland

populären Überlieferungen der Wunder des Antonius ließ er beiseite.

»*Willst du vollkommen sein …*«: Lukas 18,22.

»*Einst fand Antonius Zuflucht in einem Grab*«: Römische Grabmale waren meist Kuppelbauten mit einem begehbaren Innenraum.

»*Wenn einer dich auf die Wange schlägt …*«: Matthäus 5,39.

Johannes, Patriarch von Alexandrien, der Almosner (555-618) Johannes, um 555 auf Zypern geboren, lebte nach dem Tod von Frau und Kindern als Einsiedler in der Wüste, bis er 612 zum Patriarchen von Alexandria gewählt wurde. Er starb 618 auf der Flucht vor den einfallenden Persern. Vor allem in der Ostkirche wird er verehrt. Nachdem seine Reliquien 1247 nach Venedig gebracht wurden, entstand auch vereinzelt ein westlicher Kult des Heiligen.

»*Ölzweige bedeuten Barmherzigkeit*«: Eleémon, griechisch: barmherzig, das Wort ähnelt elaion, griechisch: das Öl.

»*Dann gab er ihm zehn Pfund Gold und sagte: Fahr in die heilige Stadt und kaufe für dich alles ein, was du brauchst …*«: Zehn Pfund Gold waren ein beträchtliches Vermögen. Die später erwähnten dreißig Silberlinge entsprechen hingegen dem Lohn, den Judas für seinen Verrat erhielt (Matthäus 26,15).

Judas Skariothis Es handelt sich bei den Judaslegenden um einen Einschub mit Kontrastwirkung in die Erzählung vom Apostel Matthias, der für Judas in den Zwölferkreis der Jünger Jesu nachgewählt wurde (Apostelgeschichte 1,15-26). Jacobus verwendete eine unter dem Titel *Historia apopkrypha* verbreitete Zusammenstellung mehrerer antiker Legendensammlungen rund um die Passion Jesu.

»*Eine Frau, die Cyborea genannt wurde*«: Cyborea ist eine Namensentstellung von Zippora; so hieß die Frau des Moses.
»*Legten sie es in ein Körbchen …*«: Die Aussetzung des Kindes folgt der Mose-Geschichte (Exodus 2). Elemente des Ödipus-Mythos werden zudem auf Judas übertragen, dazu Märchenmotive und die Anspielung auf Kain und Abel (Genesis 4) eingewoben, so entsteht eine dichte und interkulturelle mythologische Komposition.
»*Insel, die Skarioth heißt*«: Der Phantasiename der Insel versucht den biblischen Beinamen des Judas Isch-Karioth zu deuten, aramäisch eigentlich: ein Mann aus dem Dorf Karioth.
»*Ob man sie vortragen soll, sei dem Ermessen des Lektors überlassen …*«: Jacobus wirft einen kritischen Blick auf die Legende und weist damit zugleich auf die Funktion seiner Sammlung hin. *Legenda*, lateinisch: das zu Lesende, meint Texte, die in Kirchen und Konventen etwa an den Heiligentagen laut vorgelesen wurden.

Gregor I., der Große (um 540-604) Gregor, aus römischem Hochadel gebürtig, war 572/73 Stadtprätor, ein Amt mit weitreichenden Vollmachten und Einfluß im Senat, bevor er in seinem Palast ein Kloster baute (heute San Gregorio Magno) und Mönch wurde. 590 zum Papst gewählt, beherrschte er alle Register der Kirchenpolitik und steigerte durch diplomatische Verhandlungen mit den Langobarden, Franken und Westgoten die Macht des Papsttums enorm. Er stärkte die hierarchischen Strukturen der Kirche, förderte das Klosterleben, regelte die römische Liturgie und begründete den gregorianischen Choral. Seine Schriften waren im europäischen Mittelalter stark präsent.
»*Der Papst holte ihn nun aus seinem Kloster und machte ihn zum Kardinaldiakon*«: Gregor wurde zum »siebten Leviten als per-

sönlicher Helfer«, d.h. zu einem der sieben römischen Stadtdiakone, geweiht, die als Berater und Verwalter am päpstlichen Hof tätig waren.

»*So kam es zu einer schlimmen Seuche, Leistenpest genannt*«: Um 590 wird von der epidemischen Verbreitung einer Geschlechtskrankheit in Rom berichtet. Auch der Tod von Papst Pelagius II. an einer Seuche infolge einer Tiberüberschwemmung ist historisch.

»*Man sah mit bloßen Augen Pfeile vom Himmel*«: Die Vorstellung der Pestpfeile geht auf Homers *Ilias* zurück.

»*Das Bild der immerwährenden Jungfrau Maria*«: Der Evangelist Lukas gilt als Maler diverser »echter« Marienbilder, verwandt den Christusbildern, »die nicht von Menschen gefertigt sind« in der ostkirchlichen Tradition. Das Marienbild, das sich heute in der Cappella Paolina von S. Maria Maggiore befindet, stammt aus dem neunten Jahrhundert und ist byzantinisch.

»*Himmelskönigin, freue dich, Halleluja*«: *Regina Caeli* ist eine der vier marianischen Antiphonen, mit denen seit dem dreizehnten Jahrhundert das Nachtgebet beschlossen wurde. Der Gesang erschien erstmals 1180 in einem römischen Antiphonar und wird hier zurückdatiert.

Patricius, Patrick (gestorben 461) Patrick stammte aus dem römischen Britannien, wurde mit sechzehn Jahren von Seeräubern verschleppt und als Sklave nach Irland verkauft, wo er als Hirte diente. Er floh, gelangte nach Frankreich und wurde dort zum Priester geweiht. 432 kehrte er als Bischof nach Irland zurück. Der »Apostel Irlands« brachte die Insel in enge geistige Verbindung mit Europa und der christlichen Welt. Ein reicher Sagenschatz umgibt seine Gestalt.

»*Eine Stätte der Läuterung*«: Die Schilderung der Unterwelt kompiliert Motive aus antiken Apokryphen und den Schriften der Kirchenväter. Die Brücke als Prüfungsort der Seelen und der Feuerstrom, den Tote überschreiten müssen, kommen in altägyptischen Jenseitsschilderungen ebenso vor wie in der Mythologie der Griechen, dort als *Phlegeton*, der feurige Unterweltsfluß, der nach Platon zur Reinigung jener Seelen wird, die heilbar sind. Die Lokalisierung des Paradieses in der Unterwelt, die Vergil folgt, steht in Spannung zur folgenden Identifizierung mit dem himmlischen Jerusalem aus der Offenbarung des Johannes (Offenbarung 21,9-21).

Mamertinus (gestorben 462) und Marianus von Auxerre (gestorben 488) Die *Legenda aurea* verläßt hier das kalendarische Ordnungsprinzip und stellt die Geschichten in den sachlichen Zusammenhang mit anderen französischen Heiligen. Mamertinus starb am 30. April 462 nicht als Abt von Saint-Germain, sondern des Klosters Kosmas und Damian. Marianus von Auxerre wird unvermittelt in die Geschichte von Mamertinus eingefügt, wohl weil beide am 20. April gefeiert wurden.
»*Grab des heiligen Bischofs Amator und einiger anderer Heiliger*«: In der doppelgeschossigen Krypta der Klosterkirche von Saint-Germain wurden seit 863 die Reliquien der Bischöfe von Auxerre aufbewahrt, die hier gemeinsam im Traum des Mamertinus auftreten (*Amator*, mutmaßlich seit 386 Bischof, *Peregrinus*, der erste Bischof, gestorben in der Christenverfolgung 258, und sein Diakon *Corcodemus*, hier als *Concordianus*).

Georg Wer sich dem Drachentöter als historischer Figur nähern will, hat zwei Bezugspunkte: frühe Zeugnisse seines Kultes in Lydda-Diospolis (Palästina) und eine Passionslegende in verwirrend vielen Fassungen. Georg, wohl ein aus Kappadozien stammender Offizier, starb vor der konstantinischen Wende den Märtyrertod in Lydda. Seit 520 ist hier eine Basilika bezeugt, die seine Reliquien barg. Georg war und ist als »Megalomartyres« (Großmärtyrer) und Bannerträger in den Ostkirchen äußerst populär, dargestellt als ein mit Siegeszeichen geschmückter jugendlicher Glaubensheld. Das durch mehr als dreißig Heiligenviten wandernde Motiv vom Drachenkampf ist seit dem zwölften Jahrhundert in der westlichen Überlieferung verankert: Georg erscheint (wie die orientalischen Gottheiten Mithras, Horus oder Tammuz) als mythischer Kämpfer gegen das Böse.

»*Aufs Folterpferd zu heben …*«: An dieser Stelle folgt ein Katalog von Foltertechniken, wie er sich in vielen Märtyrerlegenden findet. Das »Pferd« war ein Apparat, mit dem die an Stricken gefesselten Opfer langsam auseinandergezogen wurden.

»*Daß die Bitte eines jeden, der Hilfe von ihm erflehe …*«: Die Frage, ob die Fürbitte Heiliger wirksam und möglich sei, war im dreizehnten Jahrhundert stark umstritten. Jacobus nimmt hier explizit Stellung in einer theologischen Diskussion.

Vitus (Veit) und Modestus Jacobus verwendete eine Märtyrerakte aus dem siebenten Jahrhundert, der jede historische Grundlage fehlt. Dem vollständigen Mangel an Historizität steht die außerordentliche Beliebtheit des Vitus im gesamten Abendland gegenüber: Sein Kult verbreitete sich seit dem fünften Jahrhundert und erreichte im vierzehnten seinen Höhepunkt. Die sächsischen Kaiser und die böhmischen Könige wählten Vitus zum Schutzherren. Kaiser Karl IV. ließ seine Gebeine nach Prag in den Veitsdom bringen.

»*Denn jede Tugend wird in ihren Extremen von zwei Lastern eingeschlossen*«: Bei den vier genannten Tugenden handelt es sich

um die platonischen Kardinaltugenden *prudentia, temperantia, fortitudo, iustitia.*
»*Die ganze Stadt Lucana*«: Ein Phantasiename.
»*Zu der Zeit war ein Sohn des Kaisers Diokletian besessen von einem Dämon*«: Diokletian hatte keinen Sohn.

Marina von Bithynien Aus einer *Vita Marinae* aus dem sechsten Jahrhundert stammt die Legende, die sich sonst nicht datieren läßt. Das Motiv von Frauen, die unerkannt im Mönchsgewand lebten, ist in der Ostkirche verbreitet.
»*Außerhalb des Friedhofs und ohne Grabstein*«: Selbstmörder und Verbrecher wurden außerhalb des Friedhofs und ohne kirchliches Zeremoniell begraben.

Leo I., der Große (Papst von 440-461) Leo I. stammte aus der Toskana. Seine Hauptsorge als Papst galt dem Prinzip der unverfälschten Lehre. Um Rechtgläubigkeit und dogmatische Einheitlichkeit bemüht, trat er gegen die sogenannten Monophysiten auf, welche die volle Menschheit Christi bestritten, und verteidigte die Zwei-Naturen-Lehre, nach der Christus ganz Mensch und zugleich ganz Gott war (darin folgte ihm das ökumenische Konzil von Chalkedon 452). Seine straffe Verwaltung stärkte die Institution des Papsttums. Er hielt den Hunnenkönig Attila bei Mantua sowie den Vandalenkönig Geiserich davon ab, Italien bzw. Rom zu verwüsten.
»*Pontifex maximus*«: Die römischen Kaiser trugen den Titel *Pontifex maximus,* oberster Priester, seit Augustus. Erst Gratian verzichtete 380 darauf. Leo I. griff darauf zurück und führte ihn als Ehrentitel des Papstes ein.

Arsenius (354-430/445) Arsenius stammte aus einer Senatorenfamilie und war Prinzenerzieher am Kaiserhof in Konstantinopel. Um 395 zog er sich als Anachoret in die ägyptische Wüste bei Memphis zurück.
Die *Legenda aurea* ordnet ihn gegen die kalendarische Ordnung den anderen Wüstenvätern zu.

Christophorus Der Kult eines Märtyrers Christophorus ist durch die Weihe einer Kirche in Chalkedon 454 bezeugt. Viel mehr als diese Tatsache ist von ihm nicht bekannt. Sagen haben die Gestalt überwuchert. Als wilder Riese und Christkindträger wurde er zu einem der populärsten Heiligen des Abendlandes und zu einem der vierzehn Nothelfer. Die im Spätmittelalter beliebte Fährmannlegende findet sich hier zum ersten Mal. Jacobus de Voragine erzählt sie in einem volkstümlichen Märchenton, ohne daß eine Quelle bekannt wäre.
»*Kanaanäer...*«: Nach antiker Vorstellung lebten am Rand der besiedelten Welt in den heißen Ländern Libyen, Äthiopien, Indien etc. phantastische Wesen. Herodot berichtet von den Hundsköpfigen (Kynokephalen) und den Kopflosen mit Augen und Mund auf der Brust (Akephalen). Plinius der Ältere nennt: Androgynen, Kyklopen, Pygmäen, Kentauren, Satyrn, Hufffüßler, Schattenfüßler u.a. In der Ostkirche wird Christophorus häufig als hundsköpfiges Monster dargestellt.

Die sieben Schläfer Diese Wanderlegende, die nicht auf das Christentum beschränkt ist, entzieht sich einer historischen Verortung. Jacobus gibt wörtlich und unverkürzt eine Quelle wieder, die in die Zeit der Christenverfolgung unter Kaiser Decius um 250 führt. In anderen Dokumenten differieren Namen, die Jahreszahlen des Schlafes und des Erwachens. Ein Kult in der Grotte am antiken Stadtrand von Ephesus auf dem Berg Pion (heute Panayirdag) ist seit 530 bezeugt. Der Tag der Verehrung variierte regional und über die Jahrhunderte. Der katholische Heiligenkalender setzt den Siebenschläfertag auf den 27. Juni.

»*Ließ er mitten in der Stadt einen Tempel errichten*«: In Ephesus standen, neben dem berühmten Artemision, das zu den Sieben Weltwundern zählte, mehrere römische Tempel für den Kaiserkult, so ein Domitianstempel und ein Hadrianstempel.

»*Die Irrlehre derer, die die fleischliche Auferstehung der Toten leugneten*«: Es ist nicht ganz klar, wen Jacobus und seine Quelle hier vor Augen hatten. Gnostiker könnten gemeint sein. Die fleischliche Auferstehung der Toten gehörte im Westen des Römischen Reiches zu den festen Lehren, während die Ostkirche, und so ist es auch in den ökumenischen Bekenntnissen formuliert, nur von Auferstehung sprach. Im fünften Jahrhundert war die Frage aktuell in den Streitigkeiten um die zwei Naturen Christi.

»*Härenes Gewand*«: Das *cilicium* war aus hartem Ziegenhaar gewebt und galt als Bußkleid.

»*Der die Trauernden tröstet …*«: Matthäus 5,5.

»*Also nahm Malchus fünf Gulden*«: Mit dem *solidus*, von dem der lateinische Text spricht, war ursprünglich ein Goldstück gemeint, seit dem achten Jahrhundert aber eine Silbermünze, der Schilling. Deshalb ist später von Silbergroschen die Rede.

»*Meinte er, es ginge zum Kaiser*«: Zur Zeit des Decius gab es noch keine Kirchengebäude. Aber die Basilika als profaner Hallenbau wurde zum Vorbild der späteren Sakralarchitektur, und so vermutet Malchus, als er in die Kirche gebracht wird, zu Recht, daß es zum Kaiser geht.

Abdon und Sennen Die beiden exotischen Phantasienamen sollen verdeutlichen, daß die beiden Könige aus dem fernen Babylonien kommen. Alles an ihnen ist legendär: Decius führte nie Krieg gegen Babylonien, d. h. wohl die Sassaniden, vielmehr auf dem Balkan gegen die Goten. Er war vor seiner Thronbesteigung Provinzstatthalter im nördlichen Spanien, aber Cordoba, die Hauptstadt der südlichen spanischen Provinz, gehörte nicht dazu. Die Christenverfolgung in seiner Amtszeit begann 249. »*Das Bild des Sonnengottes*«: Die Statue des Sonnengottes, *sol invictus*, der unbesiegbaren Sonne, stellte auch den Kaiser dar, beide waren kultisch identisch.

Aegidius (gestorben 721) Aegidius, zusammen mit Leonhard einer der beliebtesten Heiligen des Mittelalters, zählt zu den vierzehn Nothelfern. Er galt als Patron der Pferdehändler, der Schützen, der Schiffbrüchigen und der stillenden Mütter und als Helfer bei Unfruchtbarkeit, Aussatz und Epilepsie und vieles mehr. Die märchenhafte Lebensbeschreibung, die Jacobus verwendet, stammt aus dem zehnten Jahrhundert. Ihre historischen Details sind allesamt verwirrend und passen nicht recht zusammen. Aegidius wurde im Kloster St. Gilles im Rhonetal begraben. Dieses wurde 978 Eigenkloster des Papstes und 1077 den strengen Cluniazensern zugeordnet.

Hieronymus (347-420) Der große abendländische Kirchenlehrer studierte in Rom Grammatik, Rhetorik und Philosophie, entschied sich aber für das Mönchsleben und wurde Einsiedler in Kleinasien. Er war zwischen 382 und 385 Sekretär des Papstes Damasus I. und wurde von diesem mit der Revision der lateinischen Bibelübersetzung (Vulgata) beauftragt. 386 zog Hieronymus nach Palästina und gründete in Bethlehem mehrere Klöster, dazu Pilgerherbergen und Schulen. Er besaß eine große Bibliothek und galt als sprachmächtiger Universalgelehrter und Vermittler zwischen den Kulturen. In Bethlehem ist noch heute seine Zelle direkt neben der Geburtsgrotte Jesu zu besichtigen. Die Löwenlegende tauchte erst im zehnten Jahrhundert in einer Vita auf, die Sebastian von Montecassino schrieb.

»*Sein Lehrer…*«: *Aelius Donatus* war Verfasser einer Schulgrammatik, die im Mittelalter sehr geschätzt wurde, dazu von Kommentaren zu Vergil und Terenz. *Marius Victorinus* war Neuplatoniker und unterrichtete zur Zeit des Kaiser Konstantius zwischen 340 und 361 in Rom Rhetorik. Seine Konversion zum Christentum war spektakulär.

»*Als er neununddreißig Jahre alt war…*«: Zeitlich enthält die Erzählung einige Unklarheiten. Liberius starb 366, da war Hieronymus gerade 19 Jahre alt. Ob Hieronymus als Priester an einer der römischen Titelkirchen diente (dem Vorgängeramt zu dem erst im achten Jahrhundert eingeführten Kardinalspriester), ist ungewiß.

»*Den Gottesdienst der Kirche zu ordnen …*«: Daß Hieronymus Autor der mittelalterlichen Gottesdienstordnung sei, ist eine Legende. Vom siebenten Jahrhundert an sind Listen von Lesungen aus den Evangelien für die römischen Kirchen bekannt. Feststehende Perikopenordnungen gab es nicht vor der karolingischen Zeit. Das frühe Mittelalter ist geprägt von einer Vielfalt der Liturgien.

Leonhard von Noblac (gestorben 599) Leonhard war ein Schüler des Remigius und Mönch bei Orléan und Limoge. Er starb im Jahr 599, aber erst Mitte des elften Jahrhunderts entstand eine erste Vita. Der Heilige gilt als Patron der Gefangenen

und der Wöchnerinnen und wurde vor allem in Süddeutschland, in Österreich und in der Schweiz verehrt.
»*Wie Isidor schreibt*«: Isidor von Sevilla (um 560-636) sammelte enzyklopädisch das noch verfügbare Wissen der Antike und gab es ans Mittelalter weiter.

Abt Agathon (um 350) Der Anachoret und Mönchsvater lebte in der nitrischen Wüste als Gefährte des Abbas Ammun und später in der Sketis.

Allerheiligen Das Bestreben, keine Gottheit zu übergehen und damit zu erzürnen und selbst vergessenen Göttern zu dienen, kennzeichnet die gesamte Antike und bildet ein Erbgut der christlichen Heiligenverehrung. Kulte, Altäre und Prozessionen zu Ehren »aller Götter« waren in hellenistischer Zeit üblich. Das Pantheon war der bedeutendste Kuppelbau Roms. Seine heutige Gestalt geht auf das Jahr 130 und die Regierungszeit Kaiser Hadrians zurück. Die berichtete Erdauffüllung ist bei einer lichten Spannweite des Gewölbes von zweiundvierzig Metern pure Erfindung: Keine Außenmauer hätte diesem Druck standgehalten. Auch die Öffnung der Kuppel bestand von Anfang an. Der monumentale Pinienzapfen, von dem Jacobus berichtet und der in den vatikanischen Museen zu besichtigen ist, wurde bei einem nahen Isistempel gefunden. Die Kirche wurde 609 geweiht, das Fest Allerheiligen in der Mitte des neunten Jahrhunderts eingeführt. Die Verlegung auf den Winteranfang ging von Irland aus und ist dem Geisterfest Halloween geschuldet. Die Ostkirche feiert das Fest zum alten Termin am ersten Sonntag nach Pfingsten.

Martin von Tours (316/17-397) Martin wurde im ungarischen Steinamanger (Szombathely) südlich von Wien geboren. Sein Geburtsjahr ist umstritten: 316 oder 336 werden genannt. Sollte er unter Julian im Alter von zwanzig Jahren aus dem Militärdienst ausgeschieden sein, und das nach fünfjähriger Dienstzeit, käme nur das frühe Datum in Betracht. Von Bischof Hilarius nach Portier geholt, baute er sich 360 außerhalb der Stadt eine Einsiedlerzelle. Mit seinen Klostergründungen von Ligugé und Marmoutier begann das gallisch-fränkische Mönchtum. 371 wurde Martin zum Bischof von Tours geweiht. Während sich die meisten Kleriker seiner Zeit einer staatsnahen und imperialen Kirche einfügten, hielt Martin am widerständigen Ideal des Mönchbischofs fest.
»*Der Herr ist mein Helfer...*«: Psalm 118,6.
»*Als er einmal im Winter in Amiens durch das Stadttor trat ...*«: Von einem Pferd, wie es der Szene meist beigesellt wird, ist hier keine Rede. Frühe Darstellungen zeigen Martin zu Fuß im Stadttor.
»*Zum Akolythen geweiht*«: Akolyth (der Lichtträger) ist die erste Weihestufe des Priesters.
»*Aber sein Vater verharrte im Irrtum*«: Den widersprüchlichen Erzählgang übernimmt Jacobus unkorrigiert aus seiner Quelle von Sulpicius Severus (gestorben 420).
»*Eine garstige Gestalt*«: Gemeint ist hier sicherlich die Vorschrift der körperlichen Makellosigkeit für Priester nach 3. Mose 21,16-23.
»*Aus dem Munde der jungen Kinder...*«: Psalm 8,3.
»*Kaiser Maximus*«: Magnus Maximus wurde 383 in Britanien zum Gegenkaiser gegen Theodosius I. ausgerufen, setzte sich in Gallien, Spanien und später einigen Regionen des Ostens durch und wurde 388 hingerichtet.

Elisabeth von Thüringen (1207-1231) Mit Elisabeth taucht eine sehr junge Heilige in der *Legenda aurea* auf. Erst 1235 wurde sie kanonisiert. Sie wird der Frauenmystik zugerechnet. Jacobus verwendete die für die Heiligsprechung zusammengestellten Dokumente, dazu diverse Wundererzählungen. Elisabeth war die Tochter des Königs Andreas II. von Ungarn und wurde 1207 in Preßburg (Bratislava) geboren. Bereits mit vier Jahren wurde sie im Zuge einer Kriegskoalition mit dem späteren Landgrafen von Thüringen verlobt und seither auf der Wartburg aufgezogen. Als enger Vertrauter Friedrichs II. beteiligte sich Landgraf Ludwig führend an einem der Kreuzzüge, gelangte aber nur bis Apulien, wo er 1227, noch vor Aufbruch ins Heilige Land, starb. Nach dem Tod ihres Mannes wurde Elisabeth ihrer Witwengüter beraubt. Erst durch Vermittlung durch Papst Gregor IX. erhielt sie eine größere Geldsumme und Güter um Marburg zurück. Im Winter 1228/29 erbaute sie dort das Franziskushospital.

»*Meister Konrad*«: Konrad von Marburg war Dominikaner, seit 1215 Kreuzzugsprediger, Inquisitor und charismatischer Geistlicher, der durch seine Strenge so berüchtigt und unter den Fürsten verhaßt war, daß er 1233 auf mysteriöse Weise ermordet wurde. Als er 1226 Elisabeths Beichtvater wurde, legte sie ihm ein Gehorsamsgelübde ab. Er verwaltete in der Abwesenheit des Landgrafen dessen Kirchenlehen und wurde Vormund von Elisabeth. Manche Historiker meinen, daß er Elisabeth systematisch zugrunde gerichtet habe.

»*Das einfache Wirken Marthas*«: An einigen Stellen dringen mystische Topoi in die Erzählung ein. Dazu gehört eine bestimmte Lesart der Geschichte von Maria und Martha (Lukas 10,38-42). Der schwärmerischen Kontemplation der Maria wird (gegen die biblische Intention) das tätige Leben der Martha übergeordnet, die Gott in allem und auch im Niedrigsten findet.

»*Zweitausend Mark*«: Die Mark bezeichnete Edelmetallbarren von ca. 120 g. Es handelte sich also um ein beträchtliches Vermögen, das für die Errichtung eines Spitals weit mehr als ausreichte.

»*Den Ärmelbesatz vom Pelzmantel*«: Es handelt sich um einen abnehmbaren Gewandteil, ein langes, einer Stola ähnelndes, meist aus kostbaren Stoffen gefertigtes Anhängsel an den enggeschnittenen Ärmeln.

WÜSTE UND WALD
Ein Nachwort

I

Die *Legenda aurea*, die Goldene Legende, ein Bestseller des Mittelalters über Jahrhunderte und wichtigste europäische Sammlung von Heiligenlegenden, die sich in Kunst und Mentalität einschrieb wie ein genetischer Code, hat nicht im strengen Sinne einen Verfasser. Jacobus de Voragine (um 1230-1298), Mönch des Bettelordens der Dominikaner, war vor allem ein umsichtiger Sammler. Die modernen kritischen Ausgaben der *Legenda aurea* haben gezeigt, wie stark er seinen Quellen verpflichtet blieb. Umfänglich verwendete er auch bereits vorliegende Legendare, etwa die Zusammenstellung von Jean de Mailly (um 1240). Autorenschaft ist eine moderne Kategorie. Jacobus de Voragine verstand sich vor allem als Glied einer Überlieferungskette, er war Prediger keiner eigenen, sondern einer tradierten Botschaft.

Zwischen 1226 und 1230 in Genua geboren, trat Jacobus schon sehr jung, wohl mit fünfzehn Jahren, als Novize in den Dominikanerorden ein. Der Orden, der aus der Kritik an einer sich immer weltlicher gebärdenden und in Reichtum verdämmernden mittelalterlichen Kirche entstanden war, kultivierte bewußt die Armut seiner Mitglieder. Das besondere Augenmerk der Dominikaner galt der Predigt – und auch das war subversiv in einer Kultur, die zwischen religiösen Spezialisten und weltanschaulich unmündigen Laien klar unterschied. Die Dominikaner wandten sich dem Volk zu und wurden schnell zu einer Bildungsinstanz.

Jacobus war viele Jahre Ordensprovinzial in der Lombardei. Er trat, will man seinen Kritikern glauben, für eine rigorose Strenge in den Klöstern ein. Nach außen aber war er eine weltgewandte politische Natur. Im Jahr 1292 zum Erzbischof von Genua geweiht, mußte er zusehen, wie die städtischen Kämpfe zwischen der kaisertreuen Partei der Mascarati und den papstreuen Rampini in Plünderungen und Morden ausarteten und sogar die Kathedrale einer Brandschatzung zum Opfer fiel. Sensibel spielte Jacobus als Bischof auf der politischen Klaviatur der Interessen und befriedete die explosive Situation. Seine diplomatischen Schachzüge waren aus genauer Kenntnis historischer Zusammenhänge gespeist, die er in seinem zweiten großen Werk ausführte, einer Geschichte der Stadt Genua.

Ganz Dominikaner, verfaßte Jacobus de Voragine viele Predigtmaterialien. Hier liegt wohl ein erster Beweggrund für seine Sammlung der *Legenda aurea.* Die Geschichten sollten eine narrative Predigtnahrung sein. Eine zweite Motivation sei benannt: Jacobus war ein leidenschaftlicher Reliquienverehrer. Über Knochenbruchstücke aus dem Skelett Johannes des Täufers oder eine abgeschnittene Fingerkuppe des Apostels Philippus konnte er seitenlange Betrachtungen schreiben. Reliquien waren damals mehr als skurrile Sammelobjekte, vielmehr Zeugnisse der Realität des Göttlichen, dinggewordene Offenbarungen, und so galt es, die ihnen zugehörigen Mythen zu erzählen. Den entscheidenden Impuls zur Sammlung der Heiligengeschichten aber spiegelt der Titel des Werkes: *Legenda.* Das lateinische Gerundium bedeutet: das zu Lesende, die Lesung. Laut sollten die Überlieferungen denjenigen vorgelesen werden, die selbst nicht lesen konnten. Es handelte sich also um Vorlagen zur religiösen Volksbildung, vermutlich auch Muster für das eigene Nacherzählen im Gottesdienst und in den klösterlichen Konventen.

Der Titel *Legenda aurea* ist sekundär. Jacobus de Voragine selbst schrieb über sein Werk: *Legendas sanctorum in uno volumine compilavit.* Schon im Titel steht das Verb ›kompilieren‹. Ganz offen benannte der »Autor« seine Arbeitsweise: Er kompilierte, stellte zusammen, was er in jahrelanger umfangreicher Materialsammlung gefunden und gesichtet hatte. Jacobus nahm viele antike Texte auf, die das Leben und vor allem das Martyrium früher Heiliger dokumentierten, Viten und Passionen. Er saß manchen Fälschungen auf, aber markierte auch gern seine Zweifel an der Zuverlässigkeit von Quellen. Er wollte genau sein. Manchmal sprach er von »Apokryphen« und meinte damit Texte, deren Herkunft nicht klar erwiesen und bei denen also Vorsicht geboten sei. Hagiographie war jedoch etwas anderes als historische Forschung. Der Wahrheitsanspruch der Legenden hatte eine andere Ebene: Sie wollten wirken in der Resonanz, in seelischer Bewegung, und sie galten als wahr in einem Sinne, wie Märchen und Mythen wahr genannt werden können, als bildliche Deutungen und Erkundungen der Tiefe des Wirklichen. Sie holten die Energien des antiken Polytheismus in das christliche Empfinden ein. Die vielen, die widersprüchlichen Erscheinungsweisen des Göttlichen, ihr Charakter von heimlichen Winken und verborgenen Spuren, die doch überall und in allem sich öffnen können, unterwanderten die theologische Abstraktion ebenso wie die Oberfläche der geschichtlichen Fakten. Die mittelalterlichen Menschen waren porös in ihrem Selbstverständnis, sie waren anfällig und wach für die Eingriffe des Anderen. Geschichtlichkeit und Faktizität allein bildeten für sie keinen zuverlässig begehbaren Grund.

Die Vorlagen des Jacobus hatten sehr unterschiedliche Tonfälle. Sagen, Parabeln und Märchenhaftes stehen neben Briefen, Sprüchen und Gerichtsakten. Jacobus griff hier und da ein, ordnete neu, kürzte – aber er folgte immer dem Duktus seiner Quellen. Mündliches verwendete er nicht. Einiges scheint er dennoch selbst nacherzählt zu haben, aber nichts hat er erfunden oder auch nur fabulierend ausgeschmückt. Jacobus war in seinem Sinne ein quellentreuer Realist.

Die Heiligenlegenden ordnete Jacobus ein ins Kirchenjahr und verwob sie mit umfangreichen Reflexionen zu kirchlichen Festen und zur Liturgie, und auch das wirft noch einmal ein besonderes Licht auf die Funktion der Texte. Jahr für Jahr kehrten diese Geschichten wieder, wurden gelesen und bedacht, mischten sich mit Jahreszeiten und Lichtverhältnissen, banden sich an die Rhythmen der Natur. So drehte sich die Zeit als ein Rad – und dies ist etwas anderes als die Geradlinigkeit des christlich-jüdischen (und muslimischen) Zeitstrahls von einem Anfang zu einem Ende hin. Im Gedenken der Heiligen beginnt die Zeit zu atmen und in Festen zu pulsen, die Teleologie tritt zurück gegenüber den zeitlich-zeitlosen Rhythmen einer Schöpfung, die immer jetzt und unaufhörlich neu geschieht.

II

Was ist ein »Heiliger«? Die wenigsten Personen, von denen Jacobus erzählt, sind kanonisiert. »Heilig« wurden viele durch ihr Martyrium, alle durch den Einbruch der Transzendenz. Ein Beispiel: »Antonius war zwanzig Jahre alt, da hörte er, wie in der Kirche gelesen wurde: ›Willst du vollkommen sein, so geh hin und verkaufe alles, was du hast, und gib es den Armen.‹ Da verkaufte er all sein Gut, verteilte es unter die Armen und lebte fortan als Eremit. Zahllose Versuchungen von Dämonen mußte er ertragen.« So heißt es kurz und knapp in der Lebensbeschreibung eines der bedeutendsten Väter des Mönchtums. Zwei Bewegungen werden erkennbar. Etwas (und es kann etwas Unscheinbares sein, ein aufgeschnappter Satz, ein Bild etc.) geschieht, und eine bisherige Lebenskonstruktion zerbricht, wird haltlos, zerfällt wie verkohltes Papier. Das Neue aber gleicht einer Dauerkrise, besteht in einer radikalen Konzentration, einer äußerlichen Rückbildung, Schrumpfung hin auf das Wesentliche; in Askese zeigt sich ein noch unbekannter Lebenskern.

Solche Geschichten werden nicht zur Nachahmung erzählt, sie eignen sich auch gar nicht als missionarisches Werbematerial. Vielmehr beschreiben sie unbeschönigt, was es heißt, wenn das Wort »Gott« seine Wahrheit erweist – und das tut es nicht dort, wo es »verstanden« wird, sondern wo es verstört. Plötzlich geschieht im Leben dieser Berufenen eine Umwertung aller Werte, schwindelerregend wird das Niedrigste zum Höchsten und das Geringste zur Fülle. Antonius und Martin, Elisabeth und Hieronymus, sie alle geraten nicht in eine religiöse Glorie. Nein, sie werden umhergetrieben, verwirbelt wie Laub im Wind, sie fallen in den haltlosen Zustand, das Hier und das Dort zugleich zu bewohnen. In diesen Heiligengeschichten werden seelische Überlebenstechniken an der Grenze der menschlichen Existenz entworfen. Sie berichten von Abenteurern der höheren Ordnung.

Auffällig ist, wie unaufhörlich von Schmerz, Erniedrigungen und Folter die Rede ist. Die elende Phantasie des Menschen, Qualen zu ersinnen, tobt sich schon in den antiken Quellen aus. Jacobus, so scheint es, mildert nichts, und das hat einen Grund. Er hat einen Effekt im Blick, eine zentrale Aussage: Unmittelbare Wirkung der religiösen Verwandlung ist das Verschwinden der Todesangst. Denn Tod und körperliche Versehrung erscheinen nun wie aufgehoben in einem höheren Raum. Sie haben ihre Schrecken verloren. Brennglasartig zeigt sich ein umfassender Wechsel: Nichts, was ist oder etwas gilt, hat mehr als eine abgeleitete Bedeutung für diese »Heiligen«. Sie haben ein anderes Fundament ihrer selbst gefunden als dieses Leben, als die bewohnte Raumzeit. Furchtlos sind diese Grenzgänger geworden. Die Fremde des Todes, des Sterbens und des physischen Schmerzes sind ihnen zu Übergängen geworden, zu einer Christusähnlichkeit im Leiden etwa, welche die Auferstehung birgt.

Dieser Wandel des existentiellen Aggregatzustands hat weitere Symptome. Quantität, Zählbarkeit verliert jede Bedeutung. Nichts Wesentliches mehr wird von diesen Heiligen nach Maßen erfaßt und bewertet, und das ist verwirrend für heutige Leser, die doch alles nach Zahlen ordnen, alles in Vergleiche, in ein »Schneller« oder »Besser« oder »Länger«

oder gar in einen Geldwert bringen; Geld etwa wird in allen Geschichten ausgegeben ohne Sinn und Verstand.

Verschwunden ist noch etwas, wieder eine Irritation für uns heute: das Prinzip der Identität. Diese »Heiligen« haben es aufgegeben, derjenige oder diejenige zu sein, die sie sind. Sie sind *niemand*, haben nichts und wollen nichts. Sie verwandeln sich auch dauernd, sind fortwährend fremdbestimmt durch Engel und Visionen und Dämonen, sie bleiben sich nicht gleich. Das Wunder ist nur ein beiläufiger Ausdruck dieser Auflösung. Man lese nur, wie das Gebet der heiligen Elisabeth in einem anderen wirkt, als verzehrender Brand. Wer betet hier? Wo enden die Grenzen des Eigenen? Wo beginnt der Körper des anderen? Betet hier überhaupt noch jemand, oder zieht das Gebet nicht herauf wie eine Gewitterfront?

Liebe bis hin zur Selbstaufgabe, Demut bis zur Erbärmlichkeit, Freigiebigkeit bis zur Zerstörung materieller Lebensgrundlagen sind Kennzeichen dieser Existenzen, die sich selbst nicht mehr entwerfen und behaupten, sondern sich *lassen*, ein empfangendes Lassen.

III

Das Leben an der Grenze zum Jenseits, im Niemandsland des Glaubens, jener Wildnis am Rand der bewohnbaren Welt, fordert bestimmte Fertigkeiten. Sie zeichnen sich in den Legenden ab als mythische Muster.

Wer hier überhaupt bestehen will, muß einsam sein können. Wald und Wüste sind die Orte, wohin die Heiligen sich zurückziehen, um irgendwann als geistliche Imagines aus ihren Kokons zu kriechen. Hier gibt es zunächst nur Pfade für einzelne. Gemeinschaftsformen sind gegenüber dem religiösen Urmoment sekundär – was nicht heißt, daß sie nicht wichtig wären (schon deshalb, weil sie die kulturellen Erinnerungsräume bereithalten, in denen spirituelle Erfahrungen erst als solche identifiziert werden können). Aber die ersten und letzten Schritte und auch weite Wegstrecken dazwischen kann man nur allein gehen. Die meisten Heiligen leben zeitlebens oder zumindest in entscheidenden Phasen wie Partisanen, irreguläre Kämpfer ohne Einbindung in Institutionen, ja von diesen kritisch beäugt. Wenn sie in Amt und Würden geraten, dann wirken sie darin oft merkwürdig fremd. Martin von Tours etwa bleibt als Bischof ein Mönch, der asketisch lebt und immer wieder in die Einsamkeit flieht. Man kann sich vorstellen, was das für seine Mitarbeiter bedeutete. Distanz zur Macht ist für viele dieser Glaubenszeugen jedenfalls der ungefährlichere Weg.

Wer hier in der spirituellen Wildnis durchkommen will, braucht zudem eine geschulte Aufmerksamkeit und wache Sinne für das Unbekannte. Diese »Heiligen« ähneln Wächtern, die mit der Schwierigkeit konfrontiert sind, nicht im voraus wissen zu können, woher und in welcher Gestalt Gefahr droht oder auch Hilfe naht. Sie brauchen feine Antennen – wie Künstler, die in den Grenzbereichen der vertrauten Wahrnehmungen arbeiten. »Dämonen« zum Beispiel zeigen sich in den Geschichten meist erst dann als solche, wenn es zu spät ist. Die Wüstenväter berichten davon immer wieder, welch wandelbare Formen »das Böse« annehmen kann, und besonders gern erscheint es gar als das eigene »Ich«.

Die größten Gefahren für diese Wüstenläufer und Waldgänger lauern ohnehin im eigenen Inneren – darum haben sie ein sensibles Instrumentarium der Selbstbeurteilung entwickelt. Denn überall, noch in der selbstlosen Geste, nistet sich zum Beispiel der ärgste seelische Feind ein: die Eitelkeit. Sie läßt noch diejenigen straucheln, die weit gekommen sind. Abzusehen von sich selbst ist die kaum lösbare spirituelle Aufgabe. Sie wird konkret in einer Nächstenliebe, die auf keine Rechnung schaut, wie auch in der gelassenen, unterschiedslos bejahenden Annahme von allem, was geschieht. Demut nennen das die Alten. Sie gründet in einem Vertrauen auch gegen den Augenschein. Das alles sind keine mittelalterlichen Wirrbilder, sondern sie kommen in den meisten religiösen Überlieferungen der Menschheit vor. Es handelt sich um sehr grundlegende Verhaltensweisen, die den Modernen jedoch schwerfallen, setzen sie doch fast immer zunächst reflexhaft auf sich selbst und auf instrumentelle Beherrschbarkeit.

IV

Wurzelarme fassen ins Leere, nichts haben sie in den blassen Fingern. Diese Erlen stehen gerade noch aufrecht an der Biegung des Bachlaufs. Starke, große Bäume, aber sie sind schon zur Hälfte unterspült, und jeder höhere Wasserstand lockert erneut Steine und Erdreich, reißt Brocken Lehm und Geröll aus dem porösen Hang. Ein breiter Wurzelteller schwebt wie ein dementes Gedächtnis im Dunst, Geflechte, Gewebe, vergessene Gründe.

Die alten Erlen werden mir Lesegehilfen für die *Legenda au-*

rea: Diese mächtigen Baumwesen stehen lebenslang, wo sie waren und sind. Sie haben kein Ziel. Nacktes Dasein, ohne Willen und ohne Warum, ohne Wahl und ohne Maßstäbe, ohne Leistung oder Vergleich, ein Verharren in Offenheit. Sie teilen nicht die Bewegungen der Rehe und Marder in ihrem Dickicht. Die zielgenauen Flüge der Eisvögel, die in ihrem Wurzelwerk nisten, sind keine Elemente ihrer Wirklichkeit. Diese Schwarzerlen öffnen sich an einem gegebenen Punkt dem Raum, keimen und wachsen auf und werden dort sie selbst in langsamer, doch fortdauernder Überschreitung ihrer Grenzen.

Betrachte ich durch das Laub dieser vegetativen Meister die Heiligen, deren Legenden Jacobus de Voragine sammelte, dann zeigen sich bestimmte ihrer Eigenschaften besonders klar: Geschichtsentzogenheit, Selbstverlust, pflanzenhafte Demut. Es scheint, als käme der geistige Aufstieg einem biologischen Abstieg gleich, und die zwei entscheidenden Punkte dieser religiösen Lebensgeschichten leuchten auf: Es ist der Moment ihrer Gottesbegegnung, und es ist der Tod als Abschied und Übergang. Dort, wo es keine eigenständige Kraft mehr gibt, keinen Willen, dort geschieht die Wahrheit dieser Suchenden. Dort ereignet sich das, worauf die mittelalterlichen Menschen besonders hofften: Wunder und Errettung. Als ferner Leser folge ich Spuren am Weg, den Zeilen, den Geschichten, und diese Heiligen kommen mir dabei nah, so fremd nah, wie Bäume nahkommen können, wenn ich nur die eingeübte Distanz verlasse.

INHALT

Erste Auflage 2022. Originalausgabe. © Insel Verlag Anton Kippenberg GmbH & Co. KG, Berlin, 2022. Abbildungen © Michael Triegel 2022. Alle Rechte vorbehalten. Wir behalten uns auch eine Nutzung des Werks für Text und Data Mining im Sinn von §44b UrhG vor. Bezugspapier: Michael Triegel, Prozession, 2019, Galerie Schwind, Leipzig, © VG Bild-Kunst, Bonn 2022. Gesetzt in der Schrift Linux Libertine. Gedruckt auf holzfreies, alterungsbeständiges mattgestrichenes Papier der Firma Inapa, Hamburg, von der Memminger MedienCentrum AG, Memmingen. Gebunden in Fadenheftung von der Conzella Verlagsbuchbinderei GmbH & Co. KG, Aschheim-Dornach. Dieses Buch wurde klimaneutral produziert: climatepartner.com/14438-2110-1001. Printed in Germany. ISBN 978-3-458-19514-6.
www.insel-verlag.de